Alquiler por habitaciones: todo lo que debes saber de este negocio rentable.

ALQUILER POR HABITACIONES

TODO LO QUE DEBES SABER DE ESTE
NEGOCIO RENTABLE

Emilio Arredondo Navarro

Dedicado a todas esas personas que buscan la libertad financiera y se atreven a tomar riesgos para conseguirla.

PRÓLOGO

Mi nombre es Emilio Arredondo, soy Ingeniero Agrícola de profesión y tengo estudios de Máster en Economía y Dirección de Empresas. Me considero un apasionado del mundo de las inversiones, especialmente de la inversión inmobiliaria. En los últimos años he podido apreciar un gran interés en invertir en inmuebles para alquilar por habitaciones.

He realizado ya diversas inversiones inmobiliarias y esta es una de mis favoritas, pues creo que tiene el potencial de obtener una buena rentabilidad con una gestión equilibrada. Por supuesto, como en cualquier negocio tendremos que dedicarle tiempo, especialmente al comienzo, pero una vez que conseguimos que esté en funcionamiento, será mucho más fácil de gestionar que otros tipos de negocios como el alquiler turístico, y también será más rentable que un alquiler tradicional, que es el que normalmente hemos estado acostumbrados a ver en el día a día de los inversores.

Algo está cambiando en la actualidad, posiblemente sea que las personas cada vez tienen menos poder adquisitivo debido a factores como la inflación y el difícil acceso a alquilar o comprar una vivienda completa. Por este motivo, el alquiler por habitaciones se presenta como una oportunidad para los inversores, porque debemos ser capaces de suplir esa demanda actual de conseguir un alquiler barato, un alquiler que cualquier persona se pueda permitir, ya sea un estudiante o una persona trabajadora, que lo que busca es pagar menos por la vivienda. En eso consiste el alquiler por habitaciones, en ofrecer vivienda barata a esas personas, para que puedan vivir cómodos y para que nosotros, como inversores, podamos tener un negocio rentable.

Creo que es una inversión a la que se le puede sacar el máximo provecho y que es escalable, pues con este modelo de inversión podemos seguir avanzando, podemos obtener un dinero mensualmente en forma de *Cash Flow*, un dinero que podremos ahorrar mensualmente y prepararnos para realizar más inversiones, porque en este sector, las posibilidades son infinitas.

He escrito este libro con un lenguaje muy claro y sencillo, porque mi objetivo es que cualquier persona interesada en la inversión pueda comprender todos los conceptos que aquí se exponen y sea capaz de llevarlo a cabo. Espero que el libro te sirva para aprender y comprender cómo orientar las inversiones en inmuebles. Por supuesto que cada persona puede tener una percepción distinta de lo que aquí se describe, y eso es algo muy bueno. Todos debemos ser críticos con lo que leemos o escuchamos y analizar muy bien la información, pues al final tenemos que formar nuestro propio criterio sobre la inversión. No obstante, estoy seguro de que este libro te hará aprender y aumentar tu confianza a la hora de invertir en inmuebles, aquí va toda mi experiencia en la compra y alquiler de inmuebles para alquilar por habitaciones.

ÍNDICE

1. INTRODUCCIÓN A LA INVERSIÓN INMOBILIARIA

En el mundo de las inversiones, una de las más antiguas y conocidas es la inversión en inmuebles, la cual lleva haciéndose desde hace muchos años. Todos conocemos a alguna persona o tenemos algún familiar que invierte en inmuebles. Existen muchos modelos de inversión, cada uno con su estrategia, riesgo y metodología. Depende de nosotros cuál elegir, pero para ello debemos conocer y estudiar a fondo cuál será el que más se adapte a nuestro perfil. Pero, ¿qué tipos de inmuebles son los más comunes a la hora de invertir?

Viviendas

Es el activo más líquido y común en el mercado inmobiliario. Encontramos una gran cantidad de oferta y demanda cuando hablamos de vivienda, solo hay que entrar en portales inmobiliarios como *Idealista* o *Fotocasa* o en las páginas webs de las inmobiliarias para darnos cuenta de que es el activo de mayor abundancia en el mercado.

Normalmente los inversores comienzan comprando alguna vivienda para alquilarla. Es el activo más demandado, pues todas las personas necesitan una vivienda para vivir.

Locales comerciales

Otro de los activos más demandados para la inversión hoy en día, debido a su gran rentabilidad. No obstante, es algo que dependerá siempre del tipo de local que compremos, cuál sea su coste y cuánto dinero obtendremos por su alquiler mensual. Este tipo de inmuebles está específicamente destinado a un uso comercial, debido a que no cuentan con cédula de habitabilidad.

Normalmente presentan un mayor riesgo, pues hay mayor probabilidad de que el local se quede sin alquilar durante un tiempo, especialmente si no está preparado para que entre un inquilino de inmediato y pretendemos que dicho inquilino le realice la reforma para adecuarlo al negocio que quiera llevar a cabo en el local.

Plazas de garaje

Actualmente existen muchos inversores que se dedican a la inversion en plazas de garaje para su posterior alquiler. Normalmente sucede en ciudades, donde se pueden encontrar las mayores rentabilidades, especialmente en barrios con edificios antiguos y con alta densidad de población, donde suele haber poca oferta de parking.

Se requiere de un capital mucho menor para invertir en plazas de garaje. Tiene mucho menor coste de mantenimiento si los comparamos con la vivienda o con locales comerciales. Su gestión podrá ser más pasiva que otros tipos de inmuebles.

REITs

Este tipo de inversión, cuyas siglas significan *Real Estate Investment Trust*, o Sociedad de Inversión en Bienes Inmuebles (SOCIMI) en España, permite a cualquier persona, con un capital mínimo, invertir en el sector inmobiliario.

Está directamente relacionado con la inversión en Bolsa, pues son empresas que poseen un conjunto de inmuebles en su cartera, pudiendo nosotros como inversores comprar acciones de dicha empresa. Los REITs reparten la mayor parte de su beneficio a sus accionistas en forma de dividendo, lo cual será nuestra ganancia.

Una vez tengamos claro cual será nuestro tipo de inversión, lo más sensato es estudiarla con todo el detalle posible y especializarnos lo máximo en ella, aunque eso no tiene por qué conllevar a cerrarnos a hacer otros tipos de inversiones, ya que siempre será bueno diversificar. En mi caso, es un proceso por el cual he pasado y acabé decantándome por la inversión en inmuebles para alquiler por habitaciones, debido a su gran potencial de rentabilidad y a su menor riesgo siempre y cuando hagamos las cosas con criterio y habiéndo estudiado muy bien cada detalle de este negocio. Me refiero a un menor riesgo por el hecho de que si algún inquilino dejase de pagar su renta mensual, siempre tendremos al resto de inquilinos que seguirán pagando.

2. INVERSIÓN EN ALQUILER POR HABITACIONES

Una de las inversiones que más auge está teniendo en los últimos años, es el alquiler por habitaciones. Una metodología que, si se hace de forma muy planificada y teniendo en cuenta todos los detalles que la componen, puede llegar a ser muy rentable.

La subida generalizada de los precios del alquiler está haciendo que muchos inquilinos se decanten más por alquileres más baratos, y actualmente, la forma más barata de vivir es mediante el alquiler de una habitación, siendo este el motivo por el cual, muchos inversores han sabido ver que la inversión en inmuebles con 3 ó 4 habitaciones puede ser una excelente idea de negocio, con el fin de poner en el mercado los alquileres a precios más bajos y poder así satisfacer la creciente demanda.

Este tipo de inversión, consiste en comprar un inmueble y alquilar cada habitación con un contrato independiente para cada una de ellas. Por lo tanto, el nivel de gestión en comparación con el alquiler tradicional será mayor ya que tendremos que enseñar y gestionar cada habitación de forma independiente, repitiendo el proceso cada vez que un inquilino se vaya. Por otro lado, este nivel de gestión será mucho menor que un alquiler turístico, que sí requiere de una alta gestión.

Podemos decir que el alquiler por habitaciones es un tipo de alquiler mixto entre el alquiler tradicional y el alquiler turístico, conllevando un grado de gestión medio, así como una rentabilidad intermedia, por lo general. Poniendo en una balanza el tiempo que tenemos que dedicarle y la rentabilidad que obtenemos por el alquiler, se podría afirmar que el alquiler por habitaciones es el más equilibrado, y que una vez que conseguimos comprender muy bien cómo funciona y tenemos nuestro mecanismo en marcha, se puede llegar a convertir en un ingreso pasivo, dependiendo de la rotación de inquilinos que tengamos en las habitaciones.

Aún teniendo una excelente rentabilidad, muchos propietarios prefieren el alquiler tradicional por su facilidad de gestión. Pues la rotación de inquilinos será mucho menor que en un alquiler por habitaciones, donde suelen estar por periodos de tiempo menores. No obstante, si lo que buscamos como inversores es obtener una buena rentabilidad y poder seguir creciendo aumentando el número de inmuebles de nuestra cartera, el alquiler por habitaciones es el ideal, aunque conlleve un grado de gestión un poco mayor.

2.1. Ventajas y desventajas del alquiler por habitaciones

De forma general, para los inquilinos, el alquiler de habitaciones es una excelente opción para los que buscan reducir costes y poder incrementar sus ingresos mensuales, ya que en el mercado del alquiler, una habitación será lo más barato que puedan encontrar, y este será el objetivo principal del tipo de inquilino que alquila una habitación, vivir de la forma más barata posible. Aunque también existen casos en los cuales los inquilinos de alguna u otra forma prefieren alquilar habitaciones en un piso compartido para poder socializar con el resto de compañeros de piso, como suele ocurrir en el caso de estudiantes, pero por lo general, no tiene por qué ser esa la prioridad. El alquiler de una habitación, por el tipo de contrato, que más tarde veremos con mayor detalle, y por las circunstancias del proceso en su conjunto, también aporta más flexibilidad a la hora de alquilar o dejar la habitación, pues será mucho más sencillo para cualquier persona alquilar una habitación en vez de un piso completo, como ocurre con los alquileres tradicionales.

Para los propietarios, el alquiler de un piso por habitaciones presenta numerosas ventajas, es un negocio que ofrece una gran rentabilidad si se consigue hacer bien, pues un inmueble con 4 habitaciones alquiladas por separado siempre se alquilará a un mayor precio en su conjunto que si alquilamos todo el inmueble por un único precio. Por supuesto cada situación es diferente y en su mayor parte, dependerá de la gestión que haga el propietario con el inmueble.

Como propietarios habrá un riesgo de impago menor que al alquilar un piso entero, debido a que será difícil que todos los inquilinos dejen de pagar a la vez, o que se vayan todos del piso y nos quedemos sin ningún inquilino. Aunque sería algo extraño, siempre cabe la posibilidad de que suceda, pero el riesgo es mucho menor.

El alquiler de habitaciones siempre suele tener mayor demanda que el alquiler tradicional, debido principalmente a su menor precio. Siempre habrá trabajadores, estudiantes o cualquier persona que busque un alquiler a bajo precio, dispuestos a alquilar una habitación.

Por otro lado, también hay muchos aspectos en contra, es decir, habrá ciertas desventajas al alquilar un piso por habitaciones, las cuales tenemos que identificar y saber gestionar bien para que nos afecten lo mínimo posible.

En primer lugar, se necesita un tiempo de gestión mayor que en un alquiler tradicional, pues la rotación de inquilinos será mayor. Normalmente será necesario acudir al piso más veces para enseñar la habitación y prepararla cuando un inquilino sale y va a entrar el siguiente. Puede que para muchos propietarios esta sea su mayor desventaja. Pero si no están dispuestos a destinar un mayor tiempo a la gestión del piso, puede que este no sea el tipo de alquiler más apropiado. He de mencionar que cualquier negocio requiere un tiempo de gestión, y si lo que pretendemos es obtener una mayor rentabilidad y no quedarnos simplemente con un alquiler tradicional, tendremos que estar dispuestos a trabajar y a destinar mayor tiempo, al menos al principio, hasta que consigamos establecer nuestro propio sistema y cada vez nos sea más fácil administrar el piso.

No existen seguros de impago para los alquiler por habitaciones, al menos hasta ahora no hay ninguno que suela merecer la pena, al contrario que ocurre en el alquiler tradicional, donde se pueden comparar y elegir el más conveniente. Sin embargo, como hemos comentado, una de las ventajas del alquiler por habitaciones es que el riesgo de impago será mucho menor, simplemente porque será poco probable que todos los inquilinos de todas las habitaciones dejen de pagar, siempre o casi siempre seguiremos percibiendo ingresos en mayor o menor cantidad, por lo que el riesgo de no haber seguros de impago en este tipo de alquileres, queda equilibrado.

El mantenimiento del piso será mayor. Los pisos alquilados por habitaciones se pueden considerar *pisos de batalla,* simplemente por el hecho de haber una mayor rotación, lo cual provoca que las zonas comunes tengan un mayor desgaste, principalmente debido a que habrá muchos tipos de inquilinos, unos cuidarán el piso y otros puede que no tanto. Por lo que hemos de estar preparados psicológicamente para ello y tenerlo en cuenta desde el primer momento.

Por último y no menos importante, es saber que antes o después, habrá problemas de convivencia entre los inquilinos debido a muchas razones, como pueden ser los horarios de cada uno, la limpieza de las zonas comunes, etc. Por lo que será muy importante seleccionar con mucha cautela el perfil de los inquilinos, con el fin de evitar o reducir lo máximo posible, el riesgo de que haya problemas de convivencia.

En resumen, como ventajas del alquiler de un piso por habitaciones podemos destacar las siguientes:

- Mayor rentabilidad, en comparación con el alquiler tradicional.

- Riesgo de impago menor, pues será difícil que todos los inquilinos dejen de pagar su alquiler.

- Alta demanda de alquiler, especialmente si es una ciudad de mayor tamaño, con una población superior a los 30.000 habitantes.

Como desventajas, destacamos las siguientes:

- Se requiere de un mayor tiempo de gestión, sobretodo si la rotación de inquilinos es más elevada.

- No existen seguros de impago, pero se puede compensar con la ventaja de que habrá un menor riesgo de impago.

- Tendremos que hacer un mayor mantenimiento del piso debido al desgaste ocasionado por la rotación de inquilinos.

- Suele haber problemas de convivencia entre los inquilinos, por lo que debemos ser más cautelosos a la hora de seleccionarlos.

Si comparamos las ventajas con las desventajas, se puede

concluir que el potencial de las ventajas es mucho mayor, pues el hecho de que sea un negocio más rentable, con menos riesgo de impago y con una alta demanda, es más importante que la mayoría de las desventajas mencionadas.

2.2. Alquiler de habitaciones Premium

El modelo del alquiler de habitaciones *Premium* es menos frecuente de encontrar pero también se da mucho actualmente. Se trata de aportar más valor a las habitaciones, lo que supone un mayor coste económico, con el fin de destacar sobre el resto. Por ejemplo colchón de alta calidad, mobiliario más caro, aire acondicionado, televisión y todo lo que cada uno considere que aporta más valor. En definitiva, se trata de hacer que la habitación parezca un hotel. En esta modalidad de alquiler, los gastos de suministros suelen incluirse en la renta mensual.

No obstante, todo ello repercute en que el propietario deberá subir el alquiler para poder obtener la misma rentabilidad, es decir, si hacemos una mayor inversión en el inmueble y en las habitaciones particularmente, el precio de la renta deberá elevarse o de lo contrario la rentabilidad puede verse muy afectada. Por lo tanto, es un modelo de negocio mayormente orientado a un perfil de inquilino con un nivel socioeconómico más alto, dispuesto a pagar un alquiler más alto por una habitación con más valor añadido.

Ahora bien, el problema de este modelo de alquiler es que normalmente un inquilino que busca alquilar una habitación, tendrá como principal objetivo vivir barato, pues de lo contrario, si no le importara el precio y estuviera dispuesto a gastar un poco o bastante más por en el alquiler, lo más probable será que se decante por alquilar un inmueble completo, que en muchas ocasiones pueden ser más económicos que una habitación *Premium*. Por lo tanto, habrá mayores dificultades a la hora de encontrar a este tipo de inquilinos, simplemente por el hecho de que el modelo de negocio del alquiler por habitaciones está más orientado a perfiles socioeconómicos más bajos, como suelen ser los trabajadores jóvenes o estudiantes, que no pueden permitirse alquilar un piso entero todavía.

Por supuesto que se tiene que ofrecer valor en una habitación y mejorarla todo lo que se pueda, así como todas las zonas comunes del inmueble, pero siempre con criterio y teniendo en cuenta que lo que estamos haciendo es una inversión y los números mensuales son los que mandan, es decir, buscamos siempre obtener una mayor rentabilidad. Si gastamos demasiado en las habitaciones y luego no podemos subir los precios proporcionalmente a lo que hemos gastado porque no encontramos inquilinos dispuestos a pagarlos, nuestra rentabilidad se puede reducir considerablemente.

Hay que recordar siempre que en el alquiler de habitaciones, el precio es un factor clave con el que competiremos con otros propietarios a la hora de buscar y encontrar a los potenciales inquilinos.

3. OTROS TIPOS DE ALQUILER

3.1. Alquiler tradicional

Es la forma más común de invertir en vivienda. Se trata de comprar un inmueble, prepararlo y ponerlo en alquiler de forma íntegra, es decir, alquilar la totalidad del piso por un precio mensual establecido. Esto conlleva una serie de ventajas y desventajas. En primer lugar, la mayor virtud de este negocio es el bajo nivel de gestión y tiempo que nos requerirá una vez que lo tengamos alquilado, siempre y cuando hayamos hecho las cosas bien, y con esto me refiero especialmente a haber comprado un inmueble en una buena zona, que tenga demanda de alquiler y que atraiga a los mejores inquilinos posibles. Para ello es esencial no comprar inmuebles en zonas conflictivas ya que antes o después nos darán problemas o sólo atraeremos a inquilinos problemáticos.

Por otro lado, este modelo de alquiler presenta desventajas muy importantes a tener en cuenta, las cuales nos pueden hacer decantarnos más por invertir en inmuebles para el alquiler por habitaciones. La principal desventaja, bajo mi punto de vista es que la rentabilidad media no suele ser muy alta, al menos en comparación con otro tipo de inversiones. Por supuesto, esto siempre dependerá de muchos factores, como la ciudad y barrio en el que se encuentre el inmueble, el precio de compra, la reforma que se haya hecho antes de ponerlo en alquiler y todos los gastos asociados a la compra.

Otra de las desventajas principales en el alquiler tradicional es que si tenemos algún inquilino problemático, nos podría resultar muy difícil echarlo de nuestra vivienda en caso de ser necesario, especialmente en países como España, donde la protección al inquilino es total, al contrario que ocurre con los propietarios de inmuebles, que cada vez nos encontramos con una legislación más hostil.

La ocupación ilegal de viviendas en España, el no poder echar a un inquilino problemático de nuestra propia vivienda, lamentablemente, cada vez está tomando mayor fuerza, siendo estos, bajo mi criterio, los motivos fundamentales por los cuales muchos inversores se decantan por el alquiler de inmuebles por habitaciones o por el alquiler turístico.

3.2. Alquiler turístico

En los últimos años se han desarrollado plataformas que han sido clave como *Airbnb* o *Booking*, las cuales han transformado el mercado inmobiliario y nos han brindado grandes oportunidades para posicionar nuestros inmuebles en el mercado, así como han ayudado a que muchas personas que poseen una vivienda puedan alquilar una habitación, una parte de la vivienda o una vivienda completa con el fin de obtener ingresos extra bastante buenos en comparación con otros tipos de alquileres como el tradicional.

El negocio del alquiler turístico, como cualquier otro, presenta ventajas y desventajas. La principal ventaja es su alta rentabilidad, ya que es muy común que se puedan duplicar los ingresos obtenidos frente a un alquiler tradicional, incluso triplicarlos. También hay que destacar que no haremos el trabajo de buscar y seleccionar a los inquilinos, ya que cualquier persona que tenga un perfil en *Airbnb*, puede hacer una reserva de nuestro alojamiento por el tiempo y precio que nosotros hayamos establecido en nuestro anuncio.

Los inquilinos, en este caso huéspedes, vienen y van, muchos pueden ser algo problemáticos y otros excelentes personas, pero según mi experiencia el hecho de que sean estancias cortas y el principal motivo sea el turismo o hacer una visita esporádica, son pocos los problemas derivados de los huéspedes.

Por otra parte, este tipo de alquiler también presenta desventajas muy importantes, y la principal es que no lo podemos tomar como un ingreso pasivo, como sí que lo hacemos con el alquiler tradicional y en muchos casos con el alquiler por habitaciones. En el caso de un alquiler turístico, el nivel de gestión y atención es muy elevado, hay que tener en cuenta todos los detalles que pueden necesitar los huéspedes y estar atento en todo momento a sus necesidades y sugerencias, durante todos los días que dure su estancia. Es un negocio muy difícil de delegar porque un pequeño error puede conllevar a un mal comentario en nuestro perfil, lo cual perjudicará la demanda de nuestro alojamiento en las futuras reservas que puedan hacerse.

4. ASPECTOS CLAVE EN ALQUILER POR HABITACIONES

4.1. Elección del tipo de inquilino

Las inversiones inmobiliarias requieren de una gran cantidad de dinero, por lo tanto, antes de llevar a cabo la compra de un inmueble para alquilar, debemos tener en cuenta todos los aspectos clave que determinarán nuestra futura rentabilidad y la gestión del piso que debemos hacer.

Uno de estos aspectos fundamentales es elegir bien y tener claro a qué tipo de inquilino nos vamos a dirigir con nuestra oferta de habitaciones. Para ello, voy a diferenciar entre 2 grupos principales: por un lado, los estudiantes que buscan un alquiler para la temporada que dura el curso académico, que suele durar 10 meses. Normalmente de septiembre a junio. Incluso pueden buscar un alquiler para un solo cuatrimestre o trimestre. Por otro lado, el resto de personas como trabajadores jóvenes, pensionistas y otros grupos que alquilan la habitación simplemente por el hecho de vivir barato. Su temporalidad puede ser variable. Somos nosotros como propietarios quienes tenemos que establecer el periodo mínimo. No recomiendo que sea inferior a 3 meses, para evitar una mayor rotación.

La inversión en inmuebles para alquilar por habitaciones no es algo nuevo, especialmente en el caso de este primer grupo, los estudiantes. Pues hasta ahora y desde hace muchos años, ha sido muy común la compra de inmuebles de 3 ó 4 habitaciones en zonas universitarias con el objetivo de alquilarlas específicamente a estudiantes, cada habitación de forma separada, con su contrato independiente y de septiembre a junio.

Con menos frecuencia se ha invertido en inmuebles para alquilar a personas no estudiantes, pero dada la creciente subida de los precios para alquilar un piso completo, esta opción cada vez se está haciendo más frecuente y cada vez es mayor el número de personas que necesitan alquilar solo una habitación. Por lo general hablamos de personas con un perfil social y económico más bajo, que no tendrán los ingresos suficientes para alquilar un piso completo y que se verán obligadas a alquilar una habitación debido a su menor coste. No obstante, también hay personas que pueden alquilar una habitación porque su objetivo principal es el ahorro y, gracias a este alquiler más bajo, se pueden permitir tener un nivel de ahorro mayor, quién sabe si será para invertir en un piso para el alquiler por habitaciones, o cualquier otro tipo de inversión.

Ahora bien, después de haber hecho la distinción entre estos grupos de inquilinos, cabe destacar que todos pueden ser buenos si somos capaces de elegirlos bien y ponemos esfuerzo y criterio en ello.

Comúnmente el alquiler de habitaciones es considerado un alquiler por temporada ya que tendremos rotación de inquilinos con mayor frecuencia que en un alquiler tradicional. No obstante, dependerá de nosotros, de lo que establezcamos en nuestro contrato y de que realmente suceda así, pues aunque en nuestro contrato se establezca que es para vivienda habitual, si la rotación de inquilinos es demasiado elevada, como suele suceder en la práctica, se podría considerar un alquiler por temporada y fiscalmente también seguiría tributando de esa forma.

Ambos tipos de alquiler tienen fiscalidades diferentes, lo cual veremos en el apartado de fiscalidad con más detalle, así como también veremos todos los detalles de un contrato de alquiler de habitación, considerando que habrá rotación de inquilinos y que, por lo tanto, será un contrato temporal, lo que también nos dará una mayor libertad a la hora de redactarlo y establecer las cláusulas, bajo las normas y con la libertad que nos proporciona el Código Civil.

4.2. Encontrar la ubicación o zona idónea del inmueble

El tipo de inmueble a elegir dependerá mucho de si lo destinaremos a un alquiler a estudiantes o a otro tipo de grupo como pueden ser los trabajadores. En caso de que lo querramos destinar a estudiantes, las zonas universitarias suelen ser las más demandadas. No obstante, hay una zona que suele funcionar muy bien para cualquier tipo de inquilino: los centros de las ciudades y sus inmediaciones.

Vivir en el centro de una ciudad, significa tener prácticamente todos los servicios y ocio a tu disposición, lo cual ayuda mucho en la vida diaria para cualquier persona. El transporte público en el centro de las ciudades también suele tener mejores conexiones debido a que es habitual que todas las líneas, ya sea de metro o de autobús, tengan algún tipo de conexión con el centro de la ciudad.

Sin embargo, vivir en el centro también presentará algunos inconvenientes como el mayor costes de los inmuebles en general, mayores molestias causadas por el ruido, dificultad para aparcar, entre otras.

Cabe destacar que el inquilino que alquila una habitación, como comentamos anteriormente, suele tener un perfil social y económico más bajo, por lo que será muy frecuente que no tenga coche y que no necesite disponer de aparcamientos en las inmediaciones del piso. Tiene mucha más importancia que la ubicación del inmueble sea próxima a una parada de autobús o de metro que tenga conexión con las distintas zonas de la ciudad, es decir, normalmente una ubicación céntrica y bien conectada es más importante y mejor opción que una zona más lejana y que tenga aparcamiento.

Tenerlo todo a mano será mucho más importante para nuestro perfil de inquilino que vivir en las afueras donde tendrían que desplazarse para hacer la mayoría de actividades del día a día. Pero, hay inquilinos para cualquier perfil. Lo que significa que aunque el piso esté ubicado en las afueras y habiendo aparcamiento disponible, tendremos inquilinos que sí tengan vehículo y que sí les interese este tipo de ubicación, incluso por su cercanía al trabajo o porque, simplemente, no les gusta vivir en el centro de las ciudades, como ocurre en muchas ocasiones, pero no en la mayoría de casos, que suelen optar más por las zonas de centro o proximidades.

Para elegir una buena ubicación, tendremos en cuenta siempre que sea una buena zona, ya sea más céntrica o menos, pero cuanto más céntrica sea mejor, porque así podremos atraer a cualquier tipo de inquilino, busquemos a un perfil o a otro.

Aparte de que sea una buena zona, que tenga el mayor número de comercios y vida posible, es de vital importancia elegir bien la calle, ya que también es muy frecuente que aunque el barrio sea bueno, la calle específica en la que se encuentre el piso no sea buena. Es posible que haya un mal ambiente en esa calle, que haya cierto tipo de gente o de comercios que no querríamos ver en nuestro día a día, aunque esté en un buen barrio. Es por este motivo que la mejor forma de evitar este tipo de problemas, es conocer la zona muy bien, caminar por todas las calles y observar con el mayor detalle posible todo lo que haya cerca del inmueble que estamos interesados en comprar. Esta labor no será fácil porque nos llevará bastante tiempo y esfuerzo llevarla a cabo, pero nos evitará muchos de los problemas o quejas que puedan surgir por parte de los inquilinos en el futuro y nos dará mucha más tranquilidad en nuestro día a día una vez que la inversión esté en funcionamiento.

Hemos de tener en cuenta que cuando compramos un inmueble como inversión, normalmente no serán los mejores, pues para que una inversión sea rentable, tendremos que buscar inmuebles de menor coste, pero dentro de nuestro rango de precios. Cuanto mejor sea la ubicación en cuanto a barrio y calle se refiere, más tranquilos estaremos con nuestra inversión.

4.3. Elección del tipo de edificio

Prestemos especial importancia a este apartado ya que es un aspecto clave y debemos llevarlo a cabo con mucha cautela. Puede ser fácil encontrar y saber delimitar cuáles serán nuestras zonas objetivo, las cuales sabemos que son buenas y que lo seguirán siendo en un futuro casi con total seguridad. No obstante, encontrar buenos inmuebles para invertir en alquiler por habitaciones no será tarea fácil, aún estando dicho inmueble en un buen barrio.

En primer lugar, el tipo de edificio que debemos buscar por supuesto debe estar en las mejores condiciones posibles. Es ideal que tenga un buen aspecto tanto de la fachada como del interior del portal, ya que eso será lo primero que vean nuestros potenciales inquilinos y puede que sea lo que le haga tomar la decisión de quedarse con la habitación. En muchas ocasiones, si el edificio se ve en mal estado por fuera o tiene un portal deprimente, el inquilino ya puede descartarlo antes de ver la habitación que pretende alquilar, incluso puede llegar a verla simplemente por educación, aún sabiendo que no la alquilará porque no le ha gustado la imagen del edificio en general.

Un edificio que tenga una buena apariencia, estéticamente hablando, tanto por fuera como por dentro, dice mucho de los vecinos que lo componen, nos está indicando que es una comunidad que se preocupa por mantener bien cuidado el lugar en el que viven y del que nosotros seremos parte una vez que hayamos adquirido el inmueble. Como propietarios nos dará mayor tranquilidad haber comprado un piso en una comunidad bien cuidada que en otra que no se preocupe por sus zonas comunes o el estado del edificio en general. A cualquier inquilino que venga a ver el piso, le agradará ver que está ubicado en un edificio con una buena apariencia y que tiene un portal bien cuidado.

Independientemente de la edad que tenga el edificio, teniendo en cuenta que será frecuente que encontremos edificios de la década de 1960 ó 1970, pero siempre que esté bien conservado y tenga sus correspondientes inspecciones pasadas, podrá ser una buena opción para inversión, ya que encontraremos precios mucho más atractivos que en otros edificios de construcción más reciente. Ni que decir tiene que cuanto más reciente sea el año de construcción del edificio, mejor. Siempre y cuando entre en nuestro rango de precios para inversión. No obstante, también es frecuente encontrar edificios de construcción más reciente en condiciones no tan buenas. También podemos encontrar edificios antiguos que han sido reformados en los últimos años y se conservan muy bien, por lo que la edad del edificio no siempre será lo más importante, si no el estado de conservación del mismo y la calidad de su construcción.

Hay que destacar también que una comunidad que cuente con un gran número de vecinos será conveniente para nosotros por un motivo principal: si hay una derrama económica, ésta será menor y se diluirá más en un edificio que cuente con un mayor número de propietarios. Es fundamental tener en cuenta esto ya que si compramos un inmueble que tenga pocos propietarios, en caso de haber un gasto grande, económicamente nos repercutirá más como propietarios, ya que el reparto de la derrama se tendrá que hacer entre los pocos vecinos que compongan la comunidad.

Otro aspecto importante es que el edificio cuente o no con ascensor. Esto dependerá de cada inversor, pues hay quienes solo buscan edificios sin ascesor por el motivo de que se pagarán menos gastos de comunidad ya que el ascensor requiere de un mantenimiento que a veces puede repercutir bastante en la cuota mensual de la comunidad, especialmente si dicha comunidad cuenta con más de un ascensor, algo bastante frecuente. Por otra parte, si la cuota de comunidad no es demasiado elevada y se cuenta con un ascensor, siempre será mejor opción tener ascensor que no tenerlo, especialmente si nuestro inmueble se encuentra más alla de una segunda planta, a partir de la cual ya comienza a ser más duro subir escaleras. No obstante, si tenemos en cuenta que nuestro perfil de inquilino normalmente será de menos recursos económicos, lo cual suele coincidir con ser personas jóvenes, el hecho de que el edificio tenga ascensor o no será menos influyente, no les importará tanto ya que su principal prioridad será pagar un alquiler barato por la habitación.

4.4. Elección del inmueble: características principales a tener en cuenta

Todos los detalles que debemos tener en cuenta cuando compramos un piso para alquilar por habitaciones serán muy diferentes a los que se compran para otras modalidades de alquiler como puede ser el tradicional o el turístico. En el caso de un alquiler por habitaciones lo más importante y en lo que nos debemos centrar es en las propias habitaciones. Cada una tendrá a un inquilino diferente, quien estará mucho más interesado en la habitación que va a alquilar, pues será donde pasará la mayor parte del tiempo. Por este motivo es fundamental que tengamos en cuenta todas las habitaciones a la hora de comprar el inmueble, cada una con sus características propias, porque nuestro inquilino hará vida en la habitación que alquile, así que todas tienen que ser buenas para poder colocarlas en el mercado de alquiler. Si compramos un inmueble que tenga 2 habitaciones buenas y 2 habitaciones mediocres, es posible que no podamos alquilarlas todas al mismo precio, si no que puede que nos resulte difícil alquilar las habitaciones que no son tan buenas, por lo que habrá que bajar el precio de esas habitaciones, lo que lastrará en cierta medida nuestra rentabilidad.

Un piso destinado al alquiler por habitaciones debe ser grande, para que podamos tener una media de 4 habitaciones y sus zonas comunes. Ahora bien, cuando hablamos de un piso grande, hablamos de un piso que tenga al menos unos 80 m². Por supuesto me refiero a metros cuadrados útiles y no construidos. Una buena habitación, en la que podamos tener todo lo necesario y que sea cómoda para el inquilino, no debería tener menos de 10 m². Y cuando hablamos de todo lo necesario para que sea cómoda hablamos de poner una cama doble si es posible, un escritorio o mesa con una silla y un armario. La habitación tiene que tener el espacio suficiente para que, una vez hayamos puesto este mobiliario principal (del cual hablaremos más adelante), siga siendo espaciosa y ofrezca comodidad al inquilino.

En cuanto a las zonas comunes será conveniente al menos tener un baño completo y un aseo, aunque también nos valdría tener un solo baño para las 4 habitaciones, siempre y cuando el número total de inquilinos no soprepase de 4 personas, es decir, una en cada habitación. En caso de que este número sea mayor, debemos plantear la posiblidad de hacer un segundo baño o como mínimo un aseo, compuesto solo por un váter y un lavabo, pero que servirá de mucho en determinados momentos y será algo que guste y atraiga a los inquilinos.

Por otro lado, la cocina será otra importante zona común, debiendo ser de al menos unos 8 – 10 m² para poder colocar una mesa con sus respectivas sillas que sirvan para que los inquilinos puedan sentarse a comer ahí. El salón en nuestro piso es opcional, dependerá de nosotros y de la superficie del inmueble si lo queremos dejar como salón o lo queremos convertir en una habitación más. En el caso de un alquiler a estudiantes, suprimir el salón puede ser un error debido a que a los estudiantes les gusta socializar con otros estudiantes y hacer uso del salón. Si no buscamos un alquiler a estudiantes, podemos prescindir del salón para convertirlo en una habitación más y obtener una mayor rentabilidad, siempre y cuando dejemos una buena cocina – comedor como zona común.

Las ventajas de prescindir del salón en un piso son varias, destacando especialmente que ganaremos una habitación más y por consiguiente, mayor rentabilidad para nuestra inversión. Otra de las ventajas importantes es que filtraremos a cualquier tipo de inquilino que quiera alquilarnos la habitación con el objetivo de hacer fiestas en el salón, tener muchas visitas, ver la televisión hasta tarde, etc. Si lo que buscamos es evitar este tipo de inquilinos, que suelen ser problemáticos, y mejorar la convivencia entre ellos, eliminar el salón puede ser una de las mejores opciones, especialmente porque atraeremos a aquellos inquilinos que solo buscan una habitación para descansar, sabiendo que no habrá nadie en el salón haciendo una fiesta o viendo la televisión hasta altas horas de la noche.

La luminosidad también será un factor muy importante a la hora de elegir el piso, para ello es importante que tenga una buena orientación y que sea lo más exterior posible, es decir, que tengamos ventanas a la calle en la mayor parte del piso, especialmente en las habitaciones, ya que esto brindará una mayor demanda de alquiler de cada habitación. En cuanto a la orientación hay que tener en cuenta que cualquiera puede ser buena excepto la orientación norte, que suele ser la menos luminosa, ya que no capta los rayos de sol de forma directa, mientras que en una ventana con orientación este, oeste o sur, siempre tendremos más luz y será una ventaja a la hora de alquilarlo.

Por los motivos expuestos, para una inversión en un inmueble para el alquiler por habitaciones, la distribución adecuada sería la de 3 habitaciones y un salón independiente que lo podamos convertir en otra habitación. Con ventanas a la calle si es posible en la mayoría de habitaciones.

Como zonas comunes deberíamos tener un baño completo, un aseo y una cocina – comedor con el espacio suficiente para que los inquilinos puedan sentarse a comer y tener un buen espacio fuera de su habitación, para que todo ello pueda ser así, como he comentado anteriormente, la superficie mínima que deberíamos buscar en este tipo de inmueble no debería ser inferior a 75 u 80 m² útiles.

4.5. Reforma de un inmueble para el alquiler por habitaciones

Básica y funcional, estas son las palabras clave a la hora de hacer una reforma en un piso destinado al alquiler por habitaciones. A todos nos gusta vivir en un piso bonito, bien reformado y con todos los detalles posibles. No obstante, cuando hablamos de reformar un piso que hemos comprado como inversión, es muy diferente, pues hemos de tener en cuenta que el piso no será para vivir nosotros y que está destinado a un alquiler, en el que los inquilinos normalmente no lo cuidarán igual que lo haríamos nosotros, lo cual nos puede suponer un problema y una gran preocupación si hemos invertido mucho dinero y tiempo en la reforma.

Ante todo, hay que tener muy claro en qué tipo de perfil de inquilino nos centraremos para el alquiler. Un aspecto de vital importancia, es que hay que tener en cuenta que la gran mayoría de los inquilinos que alquilan una habitación, sean o no estudiantes, tienen un objetivo principal: pagar lo menos posible. Actualmente la forma más barata que existe para vivir es alquilar una habitación en un piso compartido, pues de tener más poder adquisitivo casi todo el mundo se plantearía la opción de alquilar un piso completo para no tener que compartir zonas comunes con nadie, aunque siempre habrá excepciones y existirá gente a la que le guste compatir con otros inquilinos, pero normalmente no es así, el objetivo de alquilar una habitación es vivir lo más barato posible, bien sea porque es una persona ahorradora y no quiere pagar mucho alquiler como ocurre si alquila un piso completo o porque es una persona de escasos recursos económicos, cuyo salario no le llegará para alquilar el piso de forma íntegra, así que su única opción puede ser alquilar una habitación.

Por estos motivos principales, y dicho el objetivo principal de nuestro perfil de inquilino, una reforma exagerada y que conlleve una gran inversión económica, no nos aportará demasiado porque posiblemente tengamos que subir el precio del alquiler por el hecho de haber gastado más dinero en reformar, y eso será algo que no gustará a nuestros inquilinos, quienes siempre preferirán la opción de pagar un alquiler más bajo en vez de tener una habitación más bonita y con una reforma más cara. Por supuesto, suponiendo siempre que estamos ofreciendo una buena habitación, con todo lo que tiene que tener y que realmente sea cómoda y funcional.

Dicho esto, algunas de las cosas más importantes en una reforma son la renovación de las instalaciones de electricidad y fontanería, especialmente si el piso es antiguo y nunca se han cambiado o renovado, o si hace demasiados años que no se hace, siendo lo recomendable una revisión cada 10 años y un cambio o renovación cada 20 años.

En el caso de la instalación eléctrica, hay que considerar que los materiales que se empleaban hace ya algunas décadas no reúnen las mismas características ni ofrecen la misma seguridad que tenemos actualmente, especialmente porque las normativas de antes no eran tan estrictas y es posible que las instalaciones ni siquiera sean capaces de soportar la potencia que demanda una vivienda actual, más aún si tenemos a 4 o 5 personas viviendo en ella. El coste medio de la renovación de la instalación eléctrica de una vivienda de unos 100 m^2 suele oscilar entre 3.000 € y 4.000 €.

Lo mismo sucede con las instalaciones de fontanería. Con el paso del tiempo se van deteriorando, provocando posibles humedades, filtraciones e incluso pueden haber problemas más graves como alguna rotura. Por este motivo, la recomendación es sustituirla si estamos haciendo una reforma, sobretodo si el inmueble es antiguo y dicha instalación no se ha renovado en muchos años, incluso puede que siga siendo todo de origen, es decir, si el piso es de 1970, es posible que no se haya tocado nada desde que se construyó, por lo que la mejor opción será la renovación. El precio medio para renovar las instalaciones de fontanería de una vivienda de unos 100 m^2, con su cocina y baño, suele oscilar entorno a 3.000 €.

Por supuesto los precios mencionados pueden ser muy variables dependiendo de muchos factores como los materiales empleados y su coste, el alicatado o parte del suelo que tengamos que romper y sustituir, la cocina y el número de baños o puntos de agua que tenga la vivienda, entre otros.

El alicatado o revestimiento de las paredes de azulejos en zonas húmedas como el baño y la cocina será otro aspecto importante en nuestra reforma. Cuando compramos un piso antiguo como inversión es frecuente encontrar los azulejos de origen, con muchos años y con grandes desperfectos a la vista, motivo por el cual, es de una gran probabilidad que los tengamos que cambiar, más aún si se han de renovar las instalaciones de fontanería en baño y cocina, lo cual exigirá que tengamos que romper paredes y suelo, por lo que es el momento ideal para renovar también el alicatado. Para ello, necesitaremos la ayuda de un profesional en caso de que nosotros no podamos hacerlo, por lo que tendremos que incurrir en buscar diversos presupuestos.

La colocación de un buen alicatado de cerámica en la cocina y baño, es decir, en las zonas húmedas de la vivienda, evitará la creación de humedades en las paredes, también conseguiremos una notable mejora estética de las zonas comunes. Hay azulejos de todo tipo de tamaño y clases, desde pequeños hasta más grandes, que facilitarán su colocación. El precio de un alicatado de un baño de tamaño estándar, es decir, de unos 6 m^2, suele oscilar entre 1.000 € y 1.500 €, lo cual incluye el material y la mano de obra. Por otro lado, para una cocina podremos tener un precio similar, dependiendo del tamaño de la pared que querramos alicatar. Por tanto, entre baño y cocina, podemos gastar unos 2.500 €.

El cambio de suelo en cocina y baño, especialmente en el caso en que nos toque renovar las instalaciones de fontanería, será necesario también, ya que se tendrán que romper partes del suelo para la colocación de las nuevas tuberías, aunque lo más probable es que encontremos suelos muy deteriorados ya debido al paso de los años, tanto en baño como cocina, e igualmente tengamos que sustituirlos. Como ocurre con el alicatado de paredes, el presupuesto para ello puede ser muy variable, pues dependerá de la mano de obra que necesitemos, los materiales elegidos, si son de mayor o menor calidad y las dimensiones de la cocina o baño.

Para una cocina – comedor de unos 10 m^2 el coste medio puede rondar los 700 € a 1.000 €. Por lo que para un conjunto de una cocina – comedor y un baño podemos estar entre 1.000 € y 2.000 €, siempre dependiendo del presupuesto que encontremos, por lo que habrá que hacer una búsqueda y comparar diversos presupuestos, nunca conformarnos con el primero que tengamos, ya que lo recomendable siempre es hablar con varios reformistas hasta encontrar el presupuesto que mejor se adapte a nuestras necesidades.

Una vez reformados el baño y la cocina – comedor, cabe mencionar también los aspectos generales de la casa, lo que deberíamos tocar y lo que no en una reforma básica y funcional que, como he comentado anteriormente, será la más idónea para nuestro tipo de inversión.

Como aspectos generales principalmente me refiero al suelo de la casa, puertas y ventanas. Son partes que se han de intentar mantener siempre que se pueda, debido a que pueden suponer un mayor coste y el inquilino que busca una habitación por motivos económicos no tendrá muy en cuenta si el suelo es de alta calidad o es antiguo, o si las puertas y ventanas son de un material o de otro, por lo que el inquilino no lo apreciará demasiado. Es decir, siempre que estén en buenas condiciones y que podamos mantenerlas sin tener que hacer una gran inversión, será mejor opción, pues lo que busca el inquilino principalmente será un precio bajo por la habitación. Por lo tanto, puede ser suficiente dar una mano de pintura a las puertas o ventanas, o sustituir solo las que sean necesarias para asegurar que todo funcione correctamente y, estéticamente también quede lo mejor posible.

Por supuesto, no podemos olvidar que en la mayoría de los casos se debe dar una mano de pintura a todo el piso. El coste será variable dependiendo de si lo hacemos nosotros mismos o contratamos a profesionales. En un piso de 80 m^2 a 100 m^2, la pintura puede suponer un coste de unos 500 € en caso de contratar a profesionales, mientras que si lo hacemos nosotros mismos, podemos ahorrar más de un 80 % en esta tarea, ya que solo tendríamos que comprar los materiales (pintura, brochas, rodillo, etc.) y ponernos manos a la obra.

4.6. Mobiliario de un piso: cómo preparar las habitaciones y zonas comunes

Al contrario de lo que sucede en un alquiler tradicional, en el negocio del alquiler por habitaciones debemos preparar el mobiliario del piso con bastante nivel de detalle, puesto que los inquilinos no querrán comprar los muebles y les gustaría que su habitación ya esté completa y funcional para vivir en ella.

Amueblar un piso puede parecer a priori una tarea sencilla de realizar, al fin y al cabo todos sabemos cuales son los muebles que componen un piso y donde podemos encontrarlos. La realidad no es tan sencilla, puesto que se trata de una inversión y tendremos que hacer una búsqueda de un mobiliario con la mayor relación entre calidad y precio posible, así como intentar aprovechar al máximo el espacio que dispongamos en cada habitación. Necesitaremos poner un mobiliario básico e indiscutiblemente necesario como puede ser la cama, el armario, una mesa y una silla. Aparte de esto, podremos colocar más cosas y de mayor o menor calidad en función de qué tipo de habitación queramos ofrecer.

Para que una habitación sea atractiva y tenga demanda de alquiler debería tener una cama doble, es decir, de 135 cm de ancho. Un inquilino siempre preferirá una cama doble a una individual, pues aunque sea una sola persona, siempre dormirá más cómodo en una cama grande que en una pequeña. También es posible que quiera tener alguna visita de vez en cuando y por lo tanto necesite un poco más de espacio para dormir. El conjunto de la cama constará de un somier o base tapizada, un colchón y protector de colchón, una almohada y un cabecero.

También se debe contar con un armario, cuyo tamaño no es tan importante y aquí hay que tener en cuenta que porque haya más espacio en la habitación no significa que se necesite un armario excesivamente grande. Es preferible que la habitación se pueda percibir como más espaciosa. Si tenemos un tamaño de armario un poco menor podemos hacerla más cómoda para el inquilino por tener más espacio, pues para una sola persona no se necesitará un gran tamaño de armario. La mesa y la silla se debería poner también en alguna parte de la habitación. Muchos inquilinos preferirán comer ahí y no en la zona común, pero también la pueden necesitar sin son estudiantes, situación en la cual tener una mesa y una silla sería imprescindible. Aparte de los muebles mencionados, también tendremos que colocar otros como pueden ser la mesita de noche, un espejo (el cual puede ir integrado ya en el armario), la cortina y otros detalles que ya dependerán de los gustos de cada propietario.

Una duda que se presenta con frecuencia es si poner aire acondicionado o no. Es preferible no ponerlo debido a que se incrementarán los gastos de suministros, en este caso de electricidad. No obstante, hay un punto intermedio entre colocar un aparato de aire acondicionado y no ponerlo, y es colocar un ventilador de techo, el cual tendrá un coste mucho menor y repercutirá menos en la factura de luz. Si es posible colocar el control del ventilador integrado en la pared, ya que con frecuencia los inquilinos de las habitaciones perderán el mando y a veces, según la marca y modelo del aparato, puede ser difícil encontrar uno similar. He visto casos en los que algunos propietarios han tenido que comprar un ventilador de techo nuevo por no haber podido encontrar un mando nuevo. No se perderá nunca si tenemos el interruptor integrado en la pared.

Será clave también colocar cerraduras independientes en cada una de las puertas de las habitaciones, pues cada inquilino querrá tener su privacidad y poder cerrar con llave su propia puerta, pues el alquiler de un piso por habitaciones es muy similar a alquilar una habitación de hotel, así que es imprescindible poner algún tipo de cerradura, considerando que la habitación es como si fuese la propiedad del inquilino.

Para las zonas comunes, lo que mayor inversión suele requerir es la cocina en caso de tener que reemplazarla totalmente, bien sea porque no había o porque la que había estaba en muy malas condiciones, que suele ser la opción más habitual, pues es muy común encontrar pisos antiguos con las cocinas de origen. En este caso lo ideal será comprar una cocina nueva con todo su mobiliario y todos los electrodomésticos necesarios: frigorífico, lavadora, termo eléctrico, vitrocerámica o placa de inducción, campana extractora y microondas (con grill, que hace la función de horno también). Se aconseja colocar una mesa con sus correspondientes sillas en la cocina, especialmente en los casos en los que se prescinde del salón, para que los inquilinos tengan un lugar donde comer fuera de su habitación. La mesa debería de ser lo suficientemente grande para que puedan sentarse todos los inquilinos que vivan en el piso.

Por último, el baño también requerirá de un váter, lavabo con mueble, ducha y mampara. Si tenemos espacio suficiente es aconsejable colocar un lavabo con mueble e incluso un mueble aparte con varias estanterías para dar el máximo espacio a los inquilinos.

Para intentar exponerlo todo de forma más sencilla y resumida en cuanto al mobiliario se refiere, he elaborado la siguiente tabla indicando también el presupuesto aproximado para cada mueble específico y en qué tienda o almacén suele ser común encontrar la mejor relación calidad – precio para cada uno.

Tabla 1. Presupuesto para el mobiliario de las habitaciones.

Mueble	Precio aproximado
Colchón 135x190 cm	200 €
Protector de colchón + Almohada	30 €
Base tapizada o somier	120 €
Cabecero para cama	30 €
Armario de ropa	100 €
Mesita de noche	30 €
Escritorio y silla	50 €
Cortina	20 €
Ventilador de techo con luz	100 €
Espejo de pared	15 €
Cerradura para puerta	30 €

El precio total por habitación es de 725 €, por lo que si tenemos cuatro habitaciones, deberemos destinar un total de 2.900 € aproximadamente de nuestro presupuesto. Por supuesto, estos precios dependerán del esfuerzo que pongamos en encontrar ofertas y en el gusto de cada inversor. Siempre será mejor ofrecer un mobiliario con mayor calidad que nos pueda durar más tiempo y que no comience a dar problemas pronto, por lo tanto, no es recomendable poner lo más barato del mercado, si no que siempre hay que buscar las mejores relaciones calidad – precio, pues los inquilinos lo preferirán.

Para el caso de la cocina – comedor como área común, he elaborado la tabla 2 indicando los precios aproximados de la cocina con todos sus electrodomésticos, al igual que con las habitaciones, siempre haciendo una búsqueda y comparando todo lo posible para encontrar buenos precios.

Tabla 2. Presupuesto para el mobiliario de la cocina – comedor y los electrodomésticos principales.

Mueble	Precio aproximado
Mesa + 4 sillas	200 €
Lavadora y secadora	500 €
Frigorífico	300 €
Lavavajillas	300 €
Muebles de cocina	800 €
Vitrocerámica o placa de inducción	250€
Campana extractora	100 €
Termo eléctrico	200 €

El presupuesto total aproximado para la cocina – comedor es de 2.650 €. No es un presupuesto demasiado elevado teniendo en cuenta que lleva consigo todos los electrodomésticos, incluyendo algunos como la secadora y el lavavajillas, que pueden ser prescindibles, dependiendo de la necesidad que haya o no de colocarlo. En el caso de la secadora, mi recomendación es que haya una a ser posible, debido a que puede ser difícil que los inquilinos se pongan de acuerdo a la hora de tender la ropa, ya que normalmente el espacio para ello suele ser muy reducido.

Por último y no menos importante, es muy probable que tengamos que comprar todos los componentes del baño y aseo en caso de que lo haya. A continuación los enumero en la tabla 3, indicando también los precios aproximados después de haber hecho una búsqueda y buscando la mejor relación calidad – precio.

Tabla 3. Presupuesto aproximado para el mobiliario del baño.

Mueble	Precio aproximado
Váter	100 €
Lavabo + Mueble	200 €
Plato de ducha	100 €
Mueble de pared	80 €
Mampara	200 €
Grifos de lavabo y ducha	50 €
Toallero	20 €

En total será un precio aproximado de 750 €. No obstante, si tenemos también un aseo este presupuesto será algo mayor, pues se necesitará otro váter y lavabo. También hay que tener en cuenta las instalaciones. En caso de no hacerlo nosotros mismos, tendremos que pagar a un fontanero o a un reformista, lo que incrementará el presupuesto bastante más, debido a que este tipo de instalaciones suelen tener precios elevados. Siempre es recomendable hablar con varios profesionales hasta encontrar el presupuesto que mejor se adapte a nuestras necesidades. Esto suele ser un trabajo laborioso.

El presupuesto total aproximado con el que debemos contar para todo el piso se recoge en la tabla 4 de forma resumida. Hay que recordar que también cabe la posibilidad de que sean más de 4 habitaciones o de que sean menos, como pueden ser 3. También cada inversor decorará el inmueble con su propio gusto y los precios variarán en función de ello, así como de la zona o país donde se encuentre y los precios que tenga para todo el mobiliario y electrodomésticos.

Tabla 4. Resumen del presupuesto aproximado para el mobiliario general.

Zona	Precio aproximado
Habitaciones (4 en total)	2.900 €
Cocina – Comedor	2.650 €
Baño	750 €
TOTAL	6.300 €

El presupuesto total será de unos 6.300 € aproximadamente. Es importante destacar que para su elaboración sólo estamos teniendo en cuenta el coste del mobiliario en sí. Cualquier tipo de instalación en la que se necesite la contratación de un profesional se cobrará aparte, pudiendo incrementar el coste de forma significativa, por lo que lo recomendable es intentar hacer nosotros mismos todo lo posible, ya que será mucho más económico, pudiendo contratar al profesional solo para tareas más complejas como pueden ser la colocación de los mubles de baño y cocina.

4.7. Anuncio del inmueble

Como inversores, después de todo el esfuerzo que conlleva el hecho de pensar en qué tipo de inmueble queremos invertir, elegir bien la ubicación y todos los detalles del inmueble en sí, después de pasar por todo el proceso de compra y reforma, uno de los pasos más gratificantes será el de poner por primera vez nuestro anuncio o anuncios (de las habitaciones por separado) en los portales inmobiliarios, buscando a las personas que harán que nuestra inversión comience a tomar forma y a darnos la rentabilidad que buscábamos. Este es un gran paso, que a su vez también nos puede producir temor, especialmente pensando que puede haber menos demanda de la que teníamos previsto desde un primer momento. Pero lo cierto es, que si hemos hecho bien todos los pasos mencionados en este libro, podemos estar seguros de que habrá suficiente demanda.

La opción más frecuente y la más conveniente es poner cada habitación en un anuncio distinto, debido a que en el alquiler por habitaciones, nuestros inquilinos valorarán principalmente la habitación que van a alquilar, junto con las zonas comunes, pero no necesitarán excesivos datos en el momento de ver el anuncio, debido a que los podrán preguntar después y revisarlos con más calma en el caso de que estén interesados en la habitación. Si pondremos todos los detalles de la habitación y zonas comunes en el anuncio de esa habitación específicamente.

Son muchos los portales o páginas webs que nos ofrecen espacio para colocar nuestros anuncios, la mayoría de forma gratuita y/o de pago para los casos en los que queramos que nuestro anuncio destaque y sea mejor posicionado en las búsquedas en comparación con el resto de anuncios de la competencia. A continuación, se indican algunos de los portales inmobiliarios más frecuentes en España, aunque existen muchos más dependiendo del país o región de cada inversor:

- Idealista
- Fotocasa
- Milanuncios
- Habitaclia
- Pisos.com
- Yaencontre

Algunos de estos portales inmobiliarios ofrecen opciones extra aparte de publicar nuestro anuncio, como servicios de asesoramiento y ayuda a la hora de gestionar los contratos de alquiler. No obstante, esto no será lo importante, ya que lo realmente importante es que la página o páginas webs donde publicamos nuestro anuncio tenga la máxima visibilidad y cree la mayor demanda posible, motivo por el cual no suele ser necesario colocar el anuncio en todos los portales inmobiliarios que podamos, pues puede llegar a ser muy agotador. Hay portales que por ahora funcionan mejor que otros y que tienen la mayor parte de los anuncios. En España, estos portales suelen ser *Idealista* y *Fotocasa*.

Hay 2 aspectos fundamentales a la hora de publicar nuestro

anuncio: las fotos y la descripción. A priori puede parecer algo simple y muy sencillo de hacer, pero si no tenemos en cuenta los detalles la demanda de las habitaciones será menor. En el caso de las fotos, es recomendable e ideal que sean hechas por un fotógrafo profesional, pues aunque sea más caro, tendremos más posibilidades de obtener unas fotos de mucha más calidad y que capten todos los detalles importantes de la habitación, como pueden ser los colores, luminosidad, muebles que queramos destacar, entre otros. Siempre debemos hacer las fotos con la habitación y todas las zonas limpias y tototalmente ordenadas, e intentar que se hagan con la máxima luz natural posible, ya que es algo que nuestros futuros inquilinos podrán apreciar.

Está totalmente claro y demostrado que un anuncio de una habitación con buenas fotografías atrae a muchos más inquilinos que otro que no tenga fotografías de buena calidad, o no capte bien los espacios. Una vez que tengamos las fotos no tendremos por qué volver a repetirlas en un futuro, debido a que siempre que querramos poner el anuncio podemos usarlas, a no ser que hayamos renovado una parte o el total de la habitación y necesitemos cambiar algunas fotos. Pero lo cierto es que deberíamos ver el gasto en unas buenas fotos como una inversión, que nos traerá mayor demanda de inquilinos, por lo que alquilaremos más rápido las habitaciones.

Escribir una buena descripción de la habitación, zonas comunes y del inmueble en sí, aumentará de forma considerable la cantidad de consultas que nos hagan los inquilinos. Dicha descripción ha de ser precisa y completa, pero sin ser demasiado extensa. Debe incluir la información sobre la propiedad, qué muebles están incluidos en el precio del alquiler, el tipo de inquilinos que viven en el inmueble y con los que compartirán las zonas comunes y las facturas de suministros en los casos en los que se cobren aparte. Se ha de describir un poco el barrio y la cercanía al transporte público, así como supermercados y otros tipos de comercios que puedan resultar interesantes en nuestra zona.

Es muy recomendable utilizar la descripción a nuestro favor, indicando especialmente todas las ventajas que ofrece nuestro inmuble en comparación con el resto de habitaciones de la competencia. Por supuesto siempre siendo honestos y diciendo la verdad en cada detalle del anuncio.

4.8. Selección de inquilinos para las habitaciones

El motor que hace funcionar el negocio del alquiler por habitaciones son los inquilinos, quienes pagan el alquiler mes a mes. Ellos serán la esencia del negocio y sin ellos el nada de lo que tenemos planificado puede funcionar, pues dependemos de que paguen sus rentas mensuales para obtener la rentabilidad calculada previamente. Por tanto, dado que los inquilinos juegan un papel absolutamente fundamental en nuestra inversión, tendremos que tener el máximo cuidado a la hora de seleccionarlos. No será una tarea sencilla y al principio es normal que suponga un gran esfuerzo pensar en todos los detalles a tener en cuenta para elegir a los inquilinos.

En primer lugar, como ya he comentado en reiteradas ocasiones pero que siempre merece la pena recordar, hemos de tener muy claro cómo es el tipo de inquilino al que nos estamos dirigiendo para la modalidad de alquiler que ofrecemos. En este caso, un alquiler de una habitación, normalmente es la forma más barata de vivir, por lo que los inquilinos interesados en nuestro anuncio, serán de bajo poder adquisitivo y lo que realmente buscan es un alquiler lo más barato posible, puede que porque sean estudiantes, porque no tengan trabajo o porque aunque lo tengan el salario no es lo suficientemente elevado para permitirse alquilar un piso completo debido a que normalmente será mucho más caro que una habitación. También se dan muchos casos de personas ahorradoras que aunque trabajen y tengan buenos salarios, alquilen habitaciones solo para permitirse tener un ahorro más elevado. Este último perfil de inquilinos, el de los ahorradores, suele ser muy adecuado, pues una persona ahorradora suele tener un grado de responsabilidad mayor, y por supuesto, tendrá mejores condiciones económicas que una persona que no pueda ahorrar y solo quiera alquilar la habitación porque no tiene otra opción.

Pero, de forma general, cuando tenemos un piso preparado para alquilarlo por habitaciones, debemos tener una estructura, es decir, seguir una serie de pasos para buscar y seleccionar a los inquilinos que formarán la parte fundamental de nuestro negocio.

En este negocio hay grandes diferencias con respecto al alquiler tradicional, es decir, de un piso entero, donde sí es de lo más factible pedir solvencia económica a los posibles inquilinos mediante un contrato de trabajo indefinido y un nivel de ingresos que facilite al inquilino pagar la mensualidad del alquiler, para lo que se pueden pedir las últimas tres nóminas, por ejemplo.

En el alquiler de habitaciones, tendremos que tener una mayor flexibilidad con los inquilinos, pues ya conocemos que son de bajo poder adquisitivo y que por este motivo se suelen ver obligados a alquilar una habitación. No obstante, los criterios para seleccionarlos serán siempre decisión nuestra y dependerá de la demanda que haya de las habitaciones según la zona o ciudad donde nos encontremos, es decir, cuanto mayor sea esa demanda, mayores requisitos de solvencia económica deberíamos pedir.

El poder adquisitivo de los inquilinos es el aspecto más crucial que debemos tener en cuenta porque al fin y al cabo queremos que paguen la renta mes a mes sin ningún tipo de problema, por lo que dentro del perfil social y económico generalmente bajo que tendrán los inquilinos que buscan una habitación, cuanto mejor estén económicamente mejor será para nosotros como propietarios, pues un inquilino que tenga mayor poder adquisitivo, tendrá más facilidad para pagar el alquiler de la habitación, lo que dará mayor tranquilidad a la mayoría de propietarios.

Una de las formas y filtros recomendados para tener a inquilinos con mayor poder adquisitivo será gracias a la fianza que les pidamos desde el inicio, en este caso lo recomendable es que sea de dos meses completos. Por lo tanto, se tendrán que abonar tres mensualidades, las dos de fianza y la del primer mes por adelantado. Esto es un filtro muy potente, pues un inquilino capaz de abonar el importe de tres meses completos solo para entrar a vivir al inicio, será una persona con un cierto nivel de ahorro y mayor poder adquisitivo que otra persona que no tenga ni siquiera esa cantidad de dinero para comenzar su alquiler. Serán muchos los inquilinos que contactarán y que se echarán atrás solo por el hecho de pagar dos meses de fianza. Solo un porcentaje, por ejemplo, un 10 % o un 20 % de los potenciales inquilinos que nos contacten, estarán dispuestos a pagar una mayor fianza, lo cual significa que el filtro económico está funcionando y estamos filtrando a inquilinos de mayor poder adquisitivo, algo fundamental en el negocio del alquiler por habitaciones.

Pero, el hecho de pedir dos meses de fianza, no solo funcionará como filtro económico, si no que nos protegerá, como propietarios, de los posibles impagos y desperfectos en nuestra vivienda que puedan causar los inquilinos. Pongamos un ejemplo claro, si un inquilino no paga en su debida fecha y continúa sin hacerlo en los días o semanas posteriores, o nos genera cualquier tipo de problema, motivo por el cual tomamos la decisión de echarlo, podremos hacerlo así, avisando con la correspondiente antelación que hayamos establecido en el contrato de arrendamiento. Entonces, el inquilino no nos habrá pagado el mes o la parte del mes que corresponde al periodo en el que ha estado viviendo en la habitación. Por tanto, nos quedaremos con un mes de fianza, o la parte que corresponda, por no haber pagado. Ahora bien, habrá una gran probabilidad de que ese mismo inquilino que ha dejado el la habitación, haya generado algún tipo de desperfecto que tengamos que reparar. En muchos casos esos desperfectos pueden tener un coste económico elevado, pues un inquilino que se vaya enfadado, es posible que rompa cosas con el objetivo de crear problemas al propietario, no siempre sucede pero existirá la posibilidad de que ocurra. Por lo tanto, si es el caso, podremos reparar esos desperfectos causados por el inquilino con el otro mes de fianza que nos queda. Si solo hubiéramos tenido un mes de fianza y el inquilino se va por no pagar, esa fianza solo serviría para cubrir ese coste de haber vivido sin pagar un mes, pero no nos serviría si el inquilino provoca desperfectos en la vivienda y tenemos que hacer reparaciones, lo que nos costaría dinero que tendríamos que poner de nuestro bolsillo. Por este motivo, es imprescindible, pedir siempre dos meses de fianza, lo cual tendrá esa doble función, es decir, funcionará como un potente filtro económico para seleccionar inquilinos y para cubrir con los posibles desperfectos e impagos que nos puedan hacer. En definitiva, como propietarios del inmueble, nos protegerá y nos dará mayor tranquilidad en nuestro día a día.

Otro aspecto importante para filtrar inquilinos, será el anuncio de la habitación, que como he especificado anteriormente debe ser lo más claro posible, indicando todos los detalles de mayor importancia que queremos que los inquilinos sepan antes de venir a ver la habitación. Por ejemplo, si solo queremos chicas o chicos, si se aceptarán mascotas, si se podrá fumar o no, entre otros. Todo ello ha de estar explicado y será el primer filtro por el que pasen los inquilinos, pues los que se pongan en contacto ya lo harán teniendo en cuenta los datos de nuestro anuncio.

El horario de los inquilinos será otro aspecto clave, pues van a compartir piso con otras personas y por lo general habrá un solo baño o dos como mucho. Por lo tanto, tendremos que intentar evitar que los inquilinos tengan el mismo horario porque puede ser difícil el uso del baño o la cocina durante el día a día, ya que todos querrían usarlo a la vez. Tampoco es recomendable que uno haga vida nocturna, por ejemplo porque trabaje con un turno de noche, y otros lo hagan de día. Esto puede crear molestias y problemas de convivencia entre los inquilinos debido a los ruidos. El horario debería ser cercano pero no igual, es decir, a ser posible debería ser escalonado. No recomendaría tampoco a inquilinos que teletrabajen y estén todo el día en la habitación. Es más interesante un perfil de inquilino que trabaje o estudie fuera de casa, tanto por no crear molestias al resto como por evitar un mayor desgaste de la habitación.

Las normas de la casa, otro punto fundamental que los inquilinos deben ententer antes de firmar el contrato. Nosotros, como propietarios, debemos establecer unas normas de convivencia con el fin de proteger y facilitar la vida a los propios inquilinos, puesto que será difícil que ellos lo hagan. Normas como desde qué hora no se puede poner la lavadora, qué partes del espacio de las zonas comunes pueden estar reservadas para cada habitación, desde qué hora no se debería hacer ruido en general, y otros puntos que dependerán de cada propietario y del tipo de inquilinos que se busquen. Pero es importante, que cualquier persona interesada en alquilar la habitación, sepa que hay unas normas de convivencia que tendrá que respetar, así como dejar claro y que todos sean conscientes de que van a compartir piso con otras personas, que tendrán zonas como la cocina – comedor y el baño que tienen que compartir. Es importante dejar claro este punto porque es posible que haya inquilinos que nunca antes hayan compartido piso, si no que hayan alquilado un piso entero o simplemente hayan vivido con sus padres hasta ahora, en ese caso aún no tienen experiencia en vivir con otras personas, y es posible que les resulte difícil al principio y tengan que aprender a hacerlo. Por ello, vuelvo a destacar la importancia de establecer unas normas básicas de convivencia y explicar a los inquilinos que están aquí para compatir el piso, al menos las zonas comunes, con otras personas.

Es importante también revisar el Fichero de Inquilinos Morosos (FIM). Es el registro nacional de morosidad del alquiler y es retroalimentado por todas las incidencias reportadas por los propietarios, tanto particulares como inmobiliarias, incluso sentencias judiciales. Por lo tanto, en esta página web podremos encontrar información acerca de los inquilinos antes de firmar un contrato con ellos y será una medida preventiva ante cualquier tipo de impago. Ellos tendrán que aceptar que, si dejan de pagarnos el alquiler, nosotros podremos publicar y reportar esa incidencia en el FIM y hacerlo público para otros futuros propietarios, por lo que si algún inquilino piensa en no pagar en algún momento, se lo pensará dos veces, pues sabe que existe el riesgo de que sus datos aparezcan en el FIM y tenga futuros problemas para otros alquileres.

Por último, siempre tenemos que observar en el inquilino otros aspectos como la higiene y aseo personal. Es un indicador muy útil porque una persona aseada y limpia, lo suele ser en todos los aspectos y habrá más posibilidades de que cuide mucho más nuestra propiedad.

5. CÁLCULO DE LA RENTABILIDAD

La rentabilidad es un porcentaje que expresa el beneficio que obtendremos con una inversión. Se mide en función de los ingresos y los gastos que tengamos en dicha inversión, es decir, es un parámetro que indica el beneficio o rendimiento que proporciona un activo inmobiliario en relación con su coste, por lo que se trata de un factor imprescindible de calcular para saber si la inversión merece la pena o no realizarla.

En el alquiler por habitaciones, como en cualquier negocio, tendremos que calcular previamente la rentabilidad que obtendremos con la compra y el posterior alquiler del inmueble. La primera regla es sencilla: intentar comprar al precio más bajo posible, por debajo del valor de mercado.

Para conocer cual es el valor de mercado de los inmuebles, podremos comprobarlo en los portales inmobiliarios mencionados en los apartados anteriores, principalmente *Idealista* y *Fotocasa*. Si entramos en ellos lo primero que debemos hacer es realizar la búsqueda de inmuebles aplicando los filtros de búsqueda que estimemos oportunos, como pueden ser el número de habitaciones que buscamos, los metros cuadrados de superficie del inmueble, si queremos que sea exterior, si tiene que tener ascensor, etc.

Una vez aplicados estos filtros, buscamos en nuestra zona objetivo y ahí podremos ver cuál es el precio de los inmuebles que se están vendiendo en esa misma zona y con los criterios de búsqueda en los que nosotros estamos interesados, es decir, podemos ver de forma aproximada, el valor de mercado de los inmuebles objetivo y con ello hacernos una idea de lo que nos puede costar.

Ahora que conocemos el valor medio de los inmuebles de la zona, nuestra misión es intentar comprar al precio más bajo posible, que por supuesto debería estar por debajo del valor de mercado, idealmente al menos un 20 % por debajo.

Pero, ahora bien, para calcular la rentabilidad no solo necesitamos conocer el precio de compra del piso, si no cuál será el precio estimado al que podremos alquilar las habitaciones. Lo haremos de la misma forma, podemos ver las habitaciones que se están alquilando en nuestra zona objetivo y a qué precio, siempre que sean habitaciones con las mismas características que las que nosotros ofreceremos.

Para calcular la rentabilidad de un inmueble alquilado por habitaciones, si hacemos una búsqueda por internet, podremos encontrar muchas calculadoras o páginas webs capaces de calcular la rentabilidad de cualquier inversión introduciendo los datos. Nosotros lo veremos más claro con los siguientes ejemplos, cuyos números son muy objetivos en este negocio y veremos cómo se ha calculado cada parámetro, porque es fundamental entenderlo antes de llevarlo a cabo. Es importante mencionar que para el cálculo de la rentabilidad no hemos tenido en cuenta posibles gastos de reforma y mobiliario a la hora de la compra el inmueble, pues esto siempre dependerá de cada caso y habrá ocasiones en las que no sea necesario reforma o incluso podamos hacerla nosotros mismos a un coste mucho menor.

Ejemplo 1

Supongamos que compramos un piso por un importe de 90.000€ con 4 habitaciones que se alquilarán a 300 € cada una, sumando un total de 1.200 € de ingresos mensuales entre las 4 habitaciones. Se realizará la compra aportando un 30% con nuestro dinero y un 70 % financiado con una hipoteca con un 3 % de interés fijo a 30 años.

No obstante, la compra del inmueble llevará consigo una serie de gastos que tendremos que poner de nuestro bolsillo (dependiendo del país, en este caso España) como el Impuesto de Transmisión Patrimonial (ITP), que variará en función de la comunidad autónoma en la que nos encontremos, así como los gastos de notaría, gestoría y registro. Podemos suponer unos gastos del 9 % aproximado del valor del inmueble, entrando en dicho porcentaje todos los gastos mencionados. Por lo tanto, la inversión quedaría de la siguiente forma:

Tabla 5. Valores totales de la inversión y rentabilidad obtenida.

Concepto	Datos
Precio del inmueble	90.000 €
Entrada (30 %)	27.000 €
Hipoteca (70 %)	63.000 €
Gastos de compra (ITP y otros)	8.100 €
CAPITAL TOTAL NECESARIO	**35.100 €**
Años de hipoteca	30
Tipo de interés	3,00 %
Cuota mensual de hipoteca	266 €
Gastos mensuales (sin hipoteca)	120 €
Gastos mensuales (incluye hipoteca)	386 €
GASTOS ANUALES TOTALES	**4.630 €**
Ingresos mensuales	1.200 €
INGRESOS ANUALES TOTALES	14.400 €
Cash Flow **anual**	**9.770 €**
Cash Flow **mensual**	**814 €**
Ingresos anuales brutos	**14.400 €**
Gastos anuales (sin hipoteca)	1.440 €
Ingresos anuales netos	12.960 €
Rentabilidad bruta anual	**14,68 %**
Rentabilidad neta anual	**13,21 %**
ROCE	**27,83 %**

Si analizamos la tabla en profundidad, se han destacado en negrita algunos de los puntos más interesantes y que voy a explicar a continuación:

Capital total necesario para la operación

En este caso ha sido de un 30 % que no nos ha prestado el banco y hemos tenido que poner de nuestro bolsillo, y todos los gastos asociados a la compraventa que hemos comentado anteriormente, que suponen un total de un 9 %. Por lo tanto, se ha necesitado un capital que ha supuesto un 39 % del valor total del inmueble. Aparte de esto, se puede necesitar más capital para la reforma y mobiliario.

Gastos anuales totales

Se han calculado sumando todos los gastos fijos que tendremos que afrontar cada mes o de forma anual. Dichos gastos son la cuota de la comunidad, internet (recomendable incluirlo en el precio de la habitación porque es un gasto fijo), el Impuesto sobre Bienes Inmuebles (IBI), el recibo de Recogida de Basuras del municipio y el Seguro de Hogar que será obligatorio si compramos el inmueble financiado mediante una hipoteca. En la siguiente tabla presento estos gastos calculados como ejemplo:

Tabla 6. Resumen de gastos fijos aparte de la cuota de hipoteca.

Concepto	Importe anual
Cuota de comunidad	500 €
IBI	450 €
Recogida de basuras	90 €
Seguro de Hogar	160 €
Internet	240 €
TOTAL ANUAL	**1.440 €**
TOTAL MENSUAL	**120 €**

Los gastos, sin hipoteca, ascienden a un total de 1.440 € al año, que si lo dividimos entre 12 meses nos da un total de 120 € al mes. Estos gastos serán fijos siempre, durante toda la vida de la inversión. Ahora bien, teniendo en cuenta que tenemos una cuota de hipoteca de 266 € al mes, los gastos ascenderán a 386 € al mes. Ahora sí, serán los gastos totales que tenemos que afrontar cada mes. Por lo tanto, si multiplicamos 386 € por 12 meses nos dará un total aproximado de 4.630 € al año, que serán el total de gastos, teniendo en cuenta la hipoteca.

Ingresos anuales totales

Están referidos al precio de cada habitación multiplicado por el número de habitaciones, en esta inversión son 4 habitaciones por un precio de 300 € al mes cada una, por lo que suman un total de 1.200 € al mes y asciende a 14.400 € al año.

Cash Flow o Flujo de Caja

Este concepto juega un papel fundamental en la inversión. Es un indicador que sirve para cualquier inversión inmobiliaria o negocio en general. Hace referencia a la capacidad que tiene un inmueble o negocio de generar liquidez. Dicho en otras palabras, es el dinero que nos va a quedar disponible mes a mes después de pagar la cuota de la hipoteca y todos los gastos fijos comentados anteriormente. Siempre ha de ser positivo y cuanto mayor sea, más beneficio obtendremos. En este ejemplo el *Cash Flow* mensual es de 814 €, si lo multiplicamos por 12 meses nos da un total de 9.770 € aproximadamente. Este es el beneficio que obtendremos por nuestra inversión desde el momento de inicio. Por supuesto, este importe será variable según cuales sean los números de la inversión, es decir, dependerá de los gastos que tengamos que afrontar mes a mes y del precio de alquiler de las habitaciones, que en este caso es de 300€, y por supuesto de si hemos tenido que hacer o no reforma y poner todos los muebles. En este ejemplo el Cash Flow se ha calculado con la siguiente fórmula:

Cash Flow mensual = Ingresos mensuales − Gastos mensuales

Cash Flow Mensual = 1.200 € − 120 € − 266 € = 814 €

Cash Flow Anual = 814 € × 12 meses = 9.768 €

Rentabilidad bruta anual

Este parámetro se refiere exclusivamente a la relación existente entre los ingresos del alquiler del inmueble y el precio de compra (incluyendo los impuestos). Se calcula dividiendo el beneficio del alquiler anual entre dicho precio de compra y multiplicando por 100:

$$\text{Rentabilidad bruta (\%)} = \frac{\text{Ingresos anuales brutos}}{\text{Precio de compra}} \times 100$$

$$\text{Rentabilidad bruta (\%)} = \frac{14.400\ €}{98.100\ €} \times 100 = 14{,}68\ \%$$

En una inversión para alquiler por habitaciones, que requiere una gestión mayor que otros tipos de alquiler como el tradicional, una rentabilidad bruta anual superior al 8 – 10 % se puede considerar elevada y buena. En nuestro ejemplo obtenemos una rentabilidad bruta del 14,68 %, por lo que la inversión es muy beneficiosa. No obstante, tenemos que calcular también la rentabilidad neta.

Rentabilidad neta anual

En este caso, para el cálculo de este parámetro si tenemos en cuenta los gastos fijos del inmueble, pero no la cuota de la hipoteca, pues eso es algo que puede permanecer o no en el tiempo de vida de la inversión, al contrario que ocurre con los gastos fijos, que siempre estarán presentes. La forma de calcular la rentabilidad neta es similar a la de la rentabilidad bruta, únicamente tendremos que pasar los ingresos brutos del alquiler a ingresos netos, simplemente restándoles los gastos fijos:

$$\text{Rentabilidad neta (\%)} = \frac{\text{Ingresos anuales netos}}{\text{Precio de compra}} \times 100$$

$$\text{Rentabilidad neta (\%)} = \frac{12.960\ €}{98.100\ €} \times 100 = 13,21\ \%$$

Podemos observar que aún teniendo en cuenta los gastos fijos a la hora de calcular la rentabilidad, en este caso neta, sigue teniendo un valor elevado y los números de la inversión siguen siendo muy buenos.

ROCE

Return On Capital Employed, en español Rentabilidad del Capital Invertido, es el significado de este importante parámetro de medida. Es la capacidad que tiene la inversión o negocio para generar ingresos en función del capital total que hemos invertido, en otras palabras, ese capital se refiere al dinero que hemos puesto de nuestro bolsillo (precio del inmueble, impuestos, gastos de reforma, etc.). Por supuesto sin tener en cuenta la financiación, ya que es dinero prestado por el banco. Para calcular el ROCE empleamos la siguiente fórmula:

$$ROCE = \frac{\text{Cash Flow anual}}{\text{Capital aportado de nuestro bolsillo (€)}} \times 100$$

$$ROCE = \frac{9.770\ €}{35.100\ €} \times 100 = 27,83\ \%$$

El ROCE obtenido con esta inversión es excepcional, pues como podemos ver la rentabilidad obtenida teniendo en cuenta únicamente el capital que hemos puesto de nuestro bolsillo, mejora considerablemente. Es un parámetro muy útil y que podremos utilizar para comparar distintos tipos de inversiones.

Ejemplo 2

Inmueble comprado por un precio de 78.000 € con 4 habitaciones que se alquilarán a 250 € cada una, que sumarán un total de 1.000 € de ingresos mensuales entre las 4 habitaciones. En este caso la compra se realiza con una hipoteca del 80 % del valor del inmueble a un interés del 3,5 % fijo y a un plazo de 25 años. Por lo tanto, nosotros pondremos de nuestro bolsillo el 20 % que no nos financia el banco y los impuestos asociados a la compra del inmueble, que serán de aproximadamente el 9 % del valor total de la compra, que corresponden con 7.020 €, teniendo en cuenta también los gastos asociados al proceso de compra – venta del inmueble (tasación, notaría, gestoría, registro, etc.).

Para calcular la cuota de la hipoteca podemos usar el Simulador de Préstamo Hipotecario o Personal del Banco de España, que encontramos en la página web oficial del Banco de España. Sólo tenemos que introducir el importe financiado por el banco, el tipo de interés y la cantidad de años de nuestro préstamo. Se realiza la simulación y nos dará el valor de la cuota de hipoteca, las tablas de amortización del préstamo y una representación gráfica donde podemos ver su evolución a lo largo de los años.

Si introducimos los datos mencionados en este ejemplo, la cuota hipotecaria será de 312 €. Supongamos que tendremos los mismos gastos fijos que en el ejemplo anterior, 120 €, que incluyen comunidad, IBI, recogida de basuras, internet y seguro de hogar.

Tabla 7. Valores totales de la inversión y rentabilidad obtenida.

Concepto	Datos
Precio del inmueble	78.000 €
Entrada (20 %)	15.600 €
Hipoteca (80 %)	62.400 €
Gastos de compra (9 % aprox.)	7.020 €
CAPITAL TOTAL NECESARIO	**22.620 €**
Años de hipoteca	25
Tipo de interés	3,50%
Cuota mensual de hipoteca	312 €
Precio del alquiler mensual	1.000 €
Gastos mensuales (sin hipoteca)	120 €
Gastos mensuales (incluye hipoteca)	432 €
GASTOS ANUALES TOTALES	**5.184 €**
Ingresos mensuales	1.000 €
INGRESOS ANUALES TOTALES	**12.000 €**
***Cash Flow* anual**	**6.816 €**
***Cash Flow* mensual**	**568 €**
Ingresos anuales brutos	**12.000 €**
Gastos anuales (sin hipoteca)	1.440 €
Ingresos anuales netos	10.560 €
Rentabilidad bruta anual	**14,11 %**
Rentabilidad neta anual	**12,42 %**
ROCE	**30,13 %**

Al igual que en el ejemplo 1, se presentan los cálculos más importantes que debemos tener en cuenta en este tipo de inversión:

Cash Flow mensual = Ingresos mensuales − Gastos mensuales

Cash Flow Mensual = 1.000 € − 120 € − 312 € = 568 €

Cash Flow Anual = 568 € × 12 meses = 6.816 €

$$\textbf{Rentabilidad bruta (\%)} = \frac{\textbf{Ingresos anuales brutos}}{\textbf{Precio de compra}} \times \textbf{100}$$

$$\text{Rentabilidad bruta anual (\%)} = \frac{12.000\ \text{€}}{85.020\ \text{€}} \times 100 = 14,11\ \%$$

$$\textbf{Rentabilidad neta (\%)} = \frac{\textbf{Ingresos anuales netos}}{\textbf{Precio de compra}} \times \textbf{100}$$

$$\text{Rentabilidad neta (\%)} = \frac{10.560\ \text{€}}{85.020\ \text{€}} \times 100 = 12,42\ \%$$

$$\textbf{ROCE} = \frac{\textbf{Cash Flow anual}}{\textbf{Capital aportado de nuestro bolsillo (€)}} \times \textbf{100}$$

$$\text{ROCE} = \frac{6.816\ \text{€}}{22.620\ \text{€}} \times 100 = 30,13\ \%$$

Como podemos observar con los cálculos realizados, los números de la operación son muy buenos. El *cash flow* mensual que nos dará el piso será de 568 €, el cual será nuestro beneficio y el dinero que tendremos disponible para seguir con el ahorro y futuras inversiones. En cuanto a la rentabilidad se obtienen también muy buenos valores: un 14,11 % en bruto y de un 12,42 % en neto, después de quitar los gastos fijos mensuales. Lo mismo sucede con el ROCE, que se sitúa en un 30,13 %.

6. NUEVA LEY DE VIVIENDA EN ESPAÑA: LEY 12/2023, DE 24 DE MAYO, POR EL DERECHO A LA VIVIENDA

Aunque no afecta directamente en el alquiler por habitaciones como veremos más adelante en este mismo capítulo, como inversores inmobiliarios es de vital importancia conocer los aspectos clave que componen la nueva Ley de Vivienda y de cómo un gobierno puede regular el mercado de la vivienda. Principalmente afecta al alquiler tradicional pero como explicaré en el último punto de este capítulo, aunque no afecta directamente en el alquiler por habitaciones, sí que lo hace de forma indirecta.

El sector inmobiliario en su conjunto rechaza totalmente esta ley advirtiendo de que provocará una fuerte caída de la oferta y por consiguiente una subida de los precios del alquiler.

Entre febrero y mayo de 2022 fue aprobado por el Consejo de Ministros, Congreso y Senado, el nuevo proyecto de Ley por el Derecho a la Vivienda, publicándose definitivamente en el BOE el 25 de mayo, como Ley 12/2023, de 24 de mayo, por el Derecho a la Vivienda. Se trata de una de las reformas recogidas en el Plan de Recuperación, Transformación y Resiliencia, adoptado por los estados miembros de la Unión Europea para recibir apoyo financiero en el marco del Mecanismo de Recuperación y Resiliencia.

Esta nueva ley incluye diversas medidas que tienen el objetivo de aumentar la oferta de viviendas a precios asequibles, evitar situaciones de tensión en el mercado del alquiler y facilitar el acceso a la vivienda en la medida de lo posible a una mayor cantidad de personas. Ofrece a las comunidades autónomas y a los municipios diversas herramientas con las que puedan contener el precio del alquiler y aumentar la oferta de vivienda pública.

Zonas tensionadas y no tensionadas

Para cumplir con los objetivos de la nueva ley, uno de los aspectos más importantes es la reducción y limitación de los precios del alquiler, especialmente en "zonas tensionadas", que son áreas de mayor o menor superficie (pudiendo llegar a ser incluso una comunidad autónoma al completo) donde se cumplen al menos alguna de las siguientes condiciones:

- El precio medio del alquiler o de la cuota de la hipoteca representa más del 30 % de los ingresos promedio de los hogares.

- El precio de compra o alquiler ha subido tres puntos porcentuales más que la inflación regional en los últimos cinco años.

Según lo establecido en el Artículo 18 de la Ley de Vivienda "Las Administraciones competentes en materia de vivienda podrán declarar, de acuerdo con los criterios y procedimientos establecidos en su normativa reguladora y en el ámbito de sus respectivas competencias, zonas de mercado residencial tensionado a los efectos de orientar las actuaciones públicas en materia de vivienda en aquellos ámbitos territoriales en los que exista un especial riesgo de oferta insuficiente de vivienda para la población".

Nuevo concepto de Gran Propietario

Otro de los conceptos clave es la nueva definición de "gran propietario" o "gran tenedor", diferenciando previamente entre zona de mercado tensionada o no tensionada:

- En una zona de mercado no tensionada, un gran propietario es una persona física o jurídica que tiene en propiedad más de diez inmuebles de uso residencial o tiene más de 1.500 metros cuadrados construidos para uso residencial (excluyendo garajes y trasteros).

- En una zona de mercado tensionada, un gran propietario es alguien que es dueño de cinco o más inmuebles urbanos.

Para determinar el precio del alquiler de un bien inmueble, habrá que tener en cuenta si el barrio está declarado o no como "zona tensionada", en caso afirmativo se tendrán en cuenta dos aspectos:

- Si eres un gran propietario tendrás que definir el precio del alquiler según un índice de referencia establecido por cada ayuntamiento. Este índice representa el precio máximo que puedes cobrar por alquilar tu casa.

- Si no eres un gran propietario el precio del alquiler no puede ser superior al último alquiler vigente actualizado (es decir, con el incremento máximo que marque el nuevo índice creado por el INE a partir de 2025).

Nuevo índice de revalorización de los alquileres

Para actualizar el precio de alquileres vigentes, hasta ahora los contratos de alquiler estaban ceñidos a una actualización anual basada en el Índice de Precios al Consumo (IPC). Esto significa que si el IPC anual era del 3 %, el propietario podía aumentar el precio del alquiler en un 3 %. No obstante, la nueva ley establece que para los contratos de alquiler actualizados desde 2024 el incremento máximo permitido es del 3 %.

Desde 2025 habrá un nuevo índice para actualizar el alquiler. Por lo tanto, ya no se actualizará el precio de ningún alquiler en función del IPC. El Instituto Nacional de Estadística (INE) creará un nuevo índice de referencia para actualizar las rentas anualmente con el objetivo de evitar incrementos demasiado grandes. Por lo tanto, aunque en el contrato de arrendamiento pongamos que el alquiler se revalorizará con respecto al IPC, no será legal. Solo se podrá revalorizar en función del nuevo índice creado por el INE, el cual siempre estará por debajo del IPC, lo que se traduce en que, en términos reales, la renta irá cayendo y perdiendo valor, resultando en pérdidas económicas para los propietarios de viviendas a lo largo de los años.

Comisión inmobiliaria

Hasta ahora eran los inquilinos los que pagaban esta comisión pero con la nueva Ley de Vivienda dicha comisión corre a cuenta de los propietarios. Es decir, si la inmobiliaria cobra el importe equivalente a un mes de arrendamiento, ese importe lo tendrá que abonar el propietario, así como cualquier otro gasto de gestión a la hora de realizar el contrato de alquiler. De lo contrario, y en caso de no cumplir con este requisito de la normativa, el propietario se puede enfrentar a multas y problemas legales con los inquilinos.

Desahucios

Como toda inversión, el alquiler de un inmueble tiene sus riesgos, siendo los más destacados y, lamentablemente más comunes, que los inquilinos dejen de cuidar la propiedad o que dejen de pagar el alquiler, con las consecuentes pérdidas económicas que conlleva para el propietario. Por lo que cobra más importancia aún el hecho de realizar un filtrado más estricto de los inquilinos en el aspecto económico, siendo adecuado pedir al menos dos meses de fianza o garantía para protegernos en los casos en que los inquilinos dejen de pagar o provoquen algún daño en el inmueble que tengamos que afrontar y que tenga un perjuicio económico para el propietario.

Con la nueva Ley de Vivienda, el proceso de echar a un inquilino, es decir, de desahuciarlo, se complica aún más, pues ahora podría aplazarse más de dos años. No obstante, no afectará de la misma manera en el alquiler por habitaciones, debido a las diferencias en el tipo de contrato que haremos previamente, lo cual se verá con más detalle en los posteriores capítulos.

Penalizaciones a las viviendas vacías

Con la nueva Ley de Vivienda se podrá aplicar un recargo de un 50 % en el Impuesto sobre Bienes Inmuebles (IBI) para los casos en los que una propiedad haya estado vacía durante dos años o más. Y si dicho periodo asciende a tres años o más, el recargo puede llegar a ser del 100 %, pudiendo aumentar otros cincuenta puntos adicionales si el propietario tiene más de dos viviendas vacías en el mismo municipio. No se aplicará este recargo del IBI si tenemos alguna de las siguientes situaciones:

- Traslado de residencia por motivos laborales, de salud o emergencia social.

- Vivienda en proceso de obra o rehabilitación.

- Propiedad en venta, con un máximo de 1 año, o en alquiler, con un máximo de 6 meses en esta situación.

Principales ventajas de la nueva ley para los inquilinos

Desde el 1 de enero de 2024, la subida del alquiler será como máximo del 3 % y a partir del 1 de enero de 2025, esta subida irá en función del nuevo índice creado por el INE, que siempre estará por debajo del IPC.

Para situaciones de vulnerabilidad social de los inquilinos, se puede establecer una prórroga extraordinaria de un año en los contratos de arrendamiento y se prohibirán los desahucios sin fecha y hora predeterminadas.

Si la zona del inmueble está declarada como tensionada, los precios estarán marcados por ley, tanto para los nuevos contratos como para los que ya existían previamente.

Cómo afecta la nueva Ley de Vivienda en el alquiler por habitaciones

En España, la nueva Ley de Vivienda no afecta legalmente en el alquiler por habitaciones o en el alquiler vacacional, al menos no por ahora. Por lo tanto, una gran parte de los inversores inmobiliarios que hasta ahora se habían dedicado o habían pensado invertir en el alquiler tradicional, es decir, alquilar un piso completo, ahora pasarán directamente al alquiler por habitaciones o al alquiler turístico. Por este motivo y aunque la nueva ley no afecte de forma directa en estos tipos de alquileres, sí que lo hace indirectamente, ya que está provocando un incremento de la inversión en inmuebles para alquilar por habitaciones.

La nueva ley de vivienda se dirige a las viviendas que se consideran vivienda habitual. Normalmente, el alquiler de una habitación no está considerado como vivienda habitual, así que está regulado por el Código Civil y no por la Ley de Arrendamientos Urbanos (LAU).

En algunos casos estas circunstancias pueden variar por motivos de fiscalidad, es decir, para pagar menos impuestos, muchos propietarios ponen en sus contratos que la habitación es vivienda habitual, pero aquí ya entra en vigor toda la legislación aplicable a una vivienda habitual.

Mientras sea un alquiler por habitación de forma temporal, no será aplicable el IPC ni el nuevo índice para regular y poner tope a los precios del alquiler, no existirá la aplicación del derecho a una prórroga forzosa para los inquilinos porque se presume que se realizará el alquiler de forma temporal, por un periodo determinado.

La comisión inmobiliaria en este tipo de alquiler posiblemente no exista porque suele ser el mismo propietario el que gestione y alquile las habitaciones. En definitiva, por el momento seguirá habiendo mucha más libertad a la hora de gestionar nuestra inversión en el alquiler por habitaciones que meternos en otros tipos de inversiones como el alquiler tradicional.

7. GASTOS DE SUMINISTROS

Uno de los aspectos que más duda suele generar en el alquiler por habitaciones es el de cómo gestionar los gastos de suministros con los inquilinos de las habitaciones. Tenemos varias opciones que podemos aplicar en este aspecto pero la mayor parte de los propietarios eligen incluir los gastos en el precio mensual de la habitación, lo cual puede ser un gran error por una razón principal, y es que estamos dando de forma gratuita los suministros a los inquilinos. Digo de forma gratuita porque se los estamos incluyendo en un precio final, es como un todo incluido en un hotel.

Si lo pensamos de esta manera, como si tuviésemos un todo incluido en un hotel, irremediablemente trataremos de gastar todo lo que sea necesario y mucho más de lo necesario porque ya está todo pagado. Con el alquiler de la habitación sucede lo mismo. No habrá ningún criterio de consumo de suministros para los inquilinos. Es cierto que hay muchos tipos de inquilinos y cada uno puede gastar en mayor o menor medida, pero por lo general la mayoría de ellos harán un gasto mucho mayor si tienen todos los gastos ya incluidos en su mensualidad, pues ya no les importará lo que consuman ni de cuánto importe sea la factura de electricidad o de agua.

Es posible que los inquilinos hagan cosas como dejar el aire acondicionado encendido cuando salgan de casa como solemos hacer muchas veces cuando nos hospedamos en un hotel o en cualquier alojamiento vacacional, donde ya hemos pagado la noche.

Inevitablemente, esto traerá facturas de luz mucho mayores que pueden generar un gran desagrado si el propietario tiene que pagarlas. Lo mismo sucederá con cualquier otro electrodoméstico o punto de luz, con el uso del agua, la calefacción y, en definitiva, con cualquier otra cosa que sea gratis porque ya esté incluida en el precio.

Dicho esto, la mejor forma de evitar estos excesos de consumo y sus consecuentes gastos económicos para el propietario de la vivienda, es decir, la mejor opción, al menos en el alquiler por habitaciones, será no incluir los gastos de suministros en el precio mensual y repartirlos entre los inquilinos en función de la parte que le corresponda a cada uno. No obstante, hay algunas excepciones como es el caso de incluir internet, simplemente por el motivo de que actualmente tiene un coste muy bajo y es un precio fijo, pues actualmente existen compañías de bajo coste con las que podemos contratar el servicio de internet en casa por precios que pueden oscilar entre los 15 € y 30 € al mes.

Los gastos más importantes como la luz, el agua y el gas, son los que tendremos que repartir proporcionalmente por cada habitación. Aunque sea más difícil de gestionar, puede evitarnos pérdidas económicas importantes y excesos de consumo injustificados.

Otra opción que suelen llevar a cabo los propietarios de pisos alquilados por habitaciones es incluir los gastos en el precio del alquiler mensual pero poniendo un tope de consumo. Es decir, si se pasan de ese tope, tendrán que pagar aparte la parte que se haya excedido. A primera vista, puede parecer una buena idea y cada vez más gente opta por esta opción pero la realidad no es tan sencilla, porque es algo que no suele gustar a los inquilinos cuando llega el momento de pagar ese exceso de consumo.

El motivo es muy simple, si un mes cualquiera sobrepasan el tope que tenemos establecido por contrato y les indicamos que tienen que pagar 20 € extra, será algo que no agrade en absoluto al inquilino, porque es una cantidad de dinero con la que no contaba que tendría que pagar ese mes y la consecuencia directa es un enfado del inquilino y un posible enfrentamiento con el propietario.

En el alquiler de inmuebles, sea por habitaciones, turístico o tradicional, lo último que queremos como propietarios y lo que menos nos conviene, es tener a los inquilinos enfadados, pues como se ha comentado en capítulos anteriores, la legislación, al menos en España, es cada vez más hostil con el propietario y siempre tiene las de ganar el inquilino en caso de que haya cualquier tipo de problema entre ambas partes.

Entonces, está bastante claro que la mejor opción es que no haya sorpresas económicamente negativas a final de mes para los inquilinos, y eso solo se consigue si los gastos de suministros no están incluidos en el precio y con la no existencia de ningún tope que puedan sobrepasar y pagar más en determinados meses. Es decir, tendremos a los inquilinos más contentos si establecemos desde el principio que los gastos de suministros van a cargo de ellos, cada uno con su parte proporcional. Así no tendrán ninguna sorpresa a fin de mes, pues ya tendrán una parte de su dinero destinado a pagar los gastos. Aparte de esto, consumirán mucho menos porque saben que a mayor consumo, mayor será su factura a fin de mes.

Otra de las ventajas de no incluir los gastos de suministros en el precio del alquiler es que podremos bajar dicho precio mensual, y eso siempre será una mejor opción en el alquiler por habitaciones, debido a que podremos competir con un precio más bajo y posicionarnos mejor en el mercado, pues al fin y al cabo lo que busca un inquilino que alquila una habitación, en la mayoría de los casos es vivir barato, por lo que siempre alquilará preferiblemente una habitación con un coste más bajo.

Por otra parte, los gastos fijos del inmueble como pueden ser el Impuesto de Bienes Inmuebles (IBI), tasa de recogida de basuras y gastos de comunidad, suelen correr a cargo del propietario, aunque en el contrato podemos establecer libremente si los ha de pagar el inquilino o no. Son gastos de la inversión y no del día a día de los inquilinos, por lo que lo más adecuado es que los pague el propietario.

8. CONTRATOS DE ALQUILER DE LAS HABITACIONES

En el negocio del alquiler por habitaciones, uno de los puntos más destacados y que debemos tratar con todo lujo de detalles es la redacción del contrato de alquiler de cada habitación, pues será nuestra protección ante cualquier problema que pueda suceder en un futuro.

Si bien es cierto que a día de hoy en internet podemos encontrar una gran cantidad de modelos y plantillas de contratos de alquiler por habitaciones, la realidad es que la mayor parte de ellos no suelen ser del todo correctos y debemos ser muy cautelosos en su revisión. Por lo tanto, la decisión más acertada será consultar a un profesional especializado en el sector y contrastar cada punto del contrato o que ellos mismos se encarguen y nos ayuden a realizar nuestro propio contrato. Una vez que tengamos el primer contrato, los que se hagan posteriormente podrán seguir el mismo modelo e incluso realizarle las mejoras que se necesiten una vez que todo vaya en marcha y veamos cuales son los puntos o cláusulas que deberíamos mejorar, siempre partiendo de una base lo más sólida y detallada posible.

En primer lugar, como en cualquier contrato de arrendamiento se debe poner la fecha de firma y quiénes serán los intervinientes, es decir, la parte arrendadora y arrendataria, cada uno con su documento de identidad y dirección, indicando que ambas partes intervienen en su propio nombre y derecho, manifestando que la parte arrendadora es la propietaria del inmueble completo y la parte arrendataria está interesada en el arrendamiento solo y exclusivamente de la habitación nº X. A continuación, vamos a ver con mayor detalle los puntos clave que debería llevar un contrato de alquiler de una habitación, esto son las conocidas cláusulas o estipulaciones, las cuales podemos adaptar a nuestras necesidades particulares.

8.1. Estipulaciones o cláusulas legales más importantes a tener en cuenta

- **Propiedad, objeto y legislación aplicable**

En esta cláusula, que podemos poner al comienzo del contrato, se debe indicar quién es el propietario del inmueble, es decir, la parte arrendadora con su nombre completo, y en qué dirección se encuentra situado dicho inmueble.

La legislación aplicable será la del Código Civil. Si bien es cierto que se puede hacer el contrato bajo la Ley de Arrendamientos Urbanos (LAU), en el alquiler por habitaciones, al no ser un alquiler de un inmueble íntegro, no será necesario hacer el contrato bajo la LAU, siendo lo recomendable siempre hacerlo bajo la legislación recogida en el Código Civil, que nos dará mayor libertad a la hora de estipular las cláusulas que creamos convenientes según cada caso y nos ahorrará muchos problemas futuros con los inquilinos.

El objeto del contrato especifica cuál será la parte del bien inmueble objeto del arrendamiento. En este caso hay que indicar que dicho arrendamiento solo y exclusivamente corresponde a la habitación de la vivienda nº X, indicando que está amueblada y cuáles son específicamente los muebles que la componen, para que no haya ningún posible malentendido. Por ejemplo, estos muebles pueden ser una cama, una silla, un escritorio, una televisión en caso de haberla, etc. Se debe indicar también que la parte arrendataria conoce perfectamente el estado de la habitación y que está en condiciones de uso para ser destinada como vivienda temporal, tal y como previamente ha podido examinar personalmente. Hay que especificar con claridad que la parte arrendada, es decir, la habitación, única y exclusivamente podrá ser ocupada por la arrendataria.

Por último, dentro de esta primera cláusula, podemos también incluir algunos aspectos importantes como los mencionados a continuación:

Uso de zonas comunes de la propiedad

En cuanto al uso de las zonas comunes, se ha de dejar constancia que el arrendamiento de la habitación, faculta a la parte arrendataria, así como al resto de arrendatarios, a utilizar de forma no exclusiva las zonas comunes de la vivienda, que dicha parte declara conocer. Se excluye también la posibilidad de realizar ningún tipo de instalación de comercio, hospedaje, oficina o cualquier otro destino distinto al fin para el que se arrienda, ya sea en la habitación o en las zonas comunes de la propiedad, con el fin de no causar ningún tipo de molestia a la comunidad de propietarios.

Mascotas

Uno de los puntos más polémicos a la hora de establecer las condiciones de un alquiler es la cláusula que prohíbe tener mascotas en el alojamiento. Se debe redactar claramente dicha cláusula para evitar futuras confusiones con los inquilinos, debiendo especificarse que se prohíben las mascotas en caso de que así lo queramos. Por otro lado y en caso de que sí se permitan, es importante recordar que los inquilinos siguen siendo responsables de cualquier daño que sus mascotas puedan causar a la propiedad, así como deben asegurarse de que no causen ningún tipo de molestias a los vecinos, en caso de que sea una comunidad de propietarios, o al resto de inquilinos del inmueble. Debido a la mayor rotación en el alquiler por habitaciones y a que tendremos inquilinos nuevos de una forma algo más constante, es más recomendable que no haya mascotas en el alojamiento, especialmente para evitar algún tipo de roce entre la convivencia de los distintos inquilinos. Esto es algo difícil para los que nos gustan las mascotas pero en este negocio, salvo algunas excepciones que podemos tener en cuenta, es preferible que los inquilinos no lleven mascotas consigo.

Salubridad

En este punto sería importante destacar aspectos como la limpieza, si estará a cargo de la parte arrendadora o arrendataria, siendo totalmente recomendable que sea esta última quien sea responsable de mantener limpia la habitación y las zonas comunes. Aprovechando este punto se puede también indicar que no está permitido fumar tabaco o similares en la habitación o en las zonas comunes de la propiedad, así como el consumo de cualquier tipo de droga, tanto por motivos de salubridad como de respeto a la propiedad y al resto de vecinos de la comunidad.

- **Exención de responsabilidad a la propiedad**

En esta cláusula debe quedar claro que la propiedad o el propietario como persona física o jurídica, no se hará cargo por la pérdida, robo o deterioro de los objetos introducidos por la parte arrendataria en la habitación, es decir, solo el propietario será responsable de lo que ya había en la habitación antes de estar alquilada. En caso de incendio, inundación o cualquier tipo de siniestro, el propietario no asumirá la responsabilidad de los daños que puedan ser ocasionados a las personas u objetos existentes en la habitación en ese momento.

El propietario tampoco debe asumir la responsabilidad de cualquier interrupción en los servicios individuales con los que cuenta la habitación arrendada cuando sea por causas no atribuibles a la propiedad.

Ahora bien, aunque la cláusula exonera al propietario de dichas responsabilidades también debe tenerse en cuenta que lo correcto en casos de supuestos de daños a elementos comunes que formen parte del edificio o de la comunidad y que hayan sido causados por los inquilinos, es el propietario el que tiene que adoptar mecanismos correctores de estas conductas o actitudes de los inquilinos. Sea del tipo que sea el contrato, se debería tener una póliza de seguro que cubra los daños causados a otros propietarios o a cualquiera de los elementos comunes.

- **Duración del contrato**

El contrato de alquiler de un bien inmueble por habitaciones normalmente se realiza de forma temporal. Suelen ser periodos de varios meses, por ejemplo trimestres, semestres, años, o por ejemplo un curso académico en caso de que sea destinado a estudiantes. La duración del mismo no es prorrogable por ley, debido a que estará sujeto al Código Civil y no a la Ley de Arrendamientos Urbanos (LAU). Por tanto, la duración tiene que ser la establecida libremente por las partes arrendadora y arrendataria. Una vez que finalice el plazo estipulado en el contrato, quedará automáticamente resuelto sin necesidad de aviso ni requerimiento previo y el inquilino solo podrá seguir en la vivienda si llega a un acuerdo con el propietario y se redacta un nuevo contrato.

Si a la fecha de vencimiento o resolución del contrato de arrendamiento, la parte arrendataria no dejara libre la habitación, por cada día que transcurra hasta la total y efectiva entrega de la habitación objeto del contrato, se puede añadir que la parte arrendataria deberá abonar a la parte arrendadora o propietaria una indemnización diaria, por ejemplo de 100 € al día hasta que se marche y la habitación quede totalmente libre para que el propietario pueda hacer uso de ella y prepararla para un nuevo inquilino.

- **Renta mensual y forma de pago. Actualización anual de la renta**

Cuando se alquila una vivienda completa y de acuerdo con las modificaciones hechas con la Ley de Vivienda, el pago de la renta se deberá abonar a través de medios electrónicos como transferencia bancaria, Bizum o domiciliación bancaria. Si alguna de las partes carece de cuenta bancaria o acceso a medios electrónicos de pago, también se podrá abonar en efectivo. No obstante, dado que se trata de un alquiler por habitaciones regido por el Código Civil, no hay ningún texto que especifique la forma de pago que debe emplearse para abonar la renta mensual. Por lo tanto, son las partes las que tienen que acordar cómo será la forma de pago y establecerlo en esta cláusula del contrato. La forma de pago más habitual es la de transferencia bancaria o Bizum, debido a que suele ser la más cómoda para los inquilinos, quienes pueden programar transferencias periódicas a principios de cada mes para asegurarse de pagar el alquiler sin ningún tipo de retraso.

El importe de la primera renta mensual, se debe abonar a la firma del contrato por la cantidad correspondiente a los días del mes que queden en caso de que no coincida la fecha con el alquiler del mes completo, expidiéndose por supuesto un justificante de pago que certifique que ha sido abonado. A partir de ahí, las siguientes mensualidades deben ser pagadas a principio de cada mes, normalmente dentro de los 5 ó 7 primeros días del mes.

Actualización anual de la renta

En el supuesto caso de prorrogarse la duración del contrato de arrendamiento, de modo que su duración sea superior a un año, se podrá actualizar la renta contractual en función del Índice de Precios al Consumidor (IPC), tomando como base para la actualización la última renta establecida en el contrato. Posteriormente y de forma siempre anual, se seguirán aplicando las actualizaciones de la renta en caso de seguir prorrogándose por más años el arrendamiento. De esta forma y con estas actualizaciones anuales, el propietario no perderá poder adquisitivo con la inflación, gracias a que la renta se irá incrementado con los años de forma proporcional a la inflación, reflejada en el IPC. Por lo que, en términos de poder adquisitivo, el propietario no verá lastrada la rentabilidad de su inversión, al contrario de lo que sí ocurrirá en el alquiler de una vivienda completa para los casos en los que no se pudiera actualizar la renta anualmente conforme al incremento del IPC.

- **Fianza**

En el capítulo de selección de inquilinos hemos hablado sobre la importancia de pedir siempre una fianza a la hora de realizar el contrato de alquiler, en concreto debería ser de una cantidad igual a dos meses de renta. Esta fianza actuará como un potente filtro económico a la hora de seleccionar a los inquilinos y nos puede proteger económicamente ante cualquier problema de impago o desperfectos causados por los inquilinos.

En los arrendamientos sujetos a la LAU siempre es obligatorio depositar una fianza. No obstante, en el alquiler de una habitación y encontrándose su contrato bajo la legislación del Código Civil, se considera que no será obligatorio el depósito de la fianza, según la Comunidad Autónoma en la que nos encontremos. Sin embargo, el arrendador siempre puede exigir al inquilino que le entregue, en concepto de fianza, la cantidad que estime oportuna según el principio de libertad de pactos, correspondiente al artículo 1.255 del Código Civil.

Por lo tanto, para responder ante cualquier daño o deterioro ocasionado por los inquilinos a la habitación y a la propiedad en sí misma, ambas partes, tanto propietario como inquilino deben acordar establecer una fianza, que puede ser de uno o dos meses, preferiblemente de dos meses, y sin que, bajo ningún concepto, el depósito de esa fianza, faculte a la parte arrendataria en demorarse con sus obligaciones de pago posteriores a la firma del contrato y el inicio del mismo. La fianza deberá abonarse en ese momento, es decir, en la firma del contrato, y expedirse el justificante de depósito.

Una vez finalizado el contrato de arrendamiento y se haya recuperado la posesión de la habitación, en caso de que no haya ningún tipo de daño o deterioro causado por el inquilino, la fianza se deberá devolver íntegramente. Pero siempre con la previa constatación por parte del arrendador de que la propiedad se encuentra en perfectas condiciones, tal y como estaba cuando se inició el arrendamiento y no más allá del desgaste normal producido por el uso habitual de la habitación.

Si la habitación no se entrega en el mismo estado de limpieza y salubridad en la que se entregó, se le puede cobrar al arrendatario una cantidad de dinero en concepto de limpieza por un profesional, que podemos poner libremente, siendo habitual poner unos 100 €.

- **Penalización por resolución anticipada de la parte arrendataria**

En varias ocasiones sucede que el arrendatario o inquilino, decide dejar la habitación antes de la finalización del contrato y del periodo mínimo que se haya pactado. Este tipo de situación debería aparecer en el contrato siempre, bajo un acuerdo al que hayan llegado ambas partes. Normalmente, en el alquiler por habitaciones, el abandono anticipado del contrato de arrendamiento por parte de un inquilino, debería suponer la pérdida de la fianza constituida en la firma de dicho contrato, o la cantidad que se fije por ambas partes en esta cláusula.

- **Gastos**

En el alquiler por habitaciones, los gastos de suministros, como se menciona en el capítulo bajo este propio nombre, se pueden gestionar de diversas formas, destacando principalmente las 3 siguientes:

I) El propietario se hace cargo de la totalidad de los gastos, incluyendo en el precio de la renta todos los gastos de suministros como electricidad, gas, agua e internet.

II) El propietario pone un tope al importe total de gastos. Por ejemplo, un tope de 100 € en la factura de electricidad. A partir de ese tope, el importe que lo sobrepase será repartido de forma proporcional entre los inquilinos.

III) Los inquilinos se hacen cargo del total de los gastos de suministros, especialmente los más variables como suelen ser la electricidad, el agua y el gas. En este caso el propietario, que recibe la factura, se encargará de repartir entre los inquilinos la parte proporcional que le corresponde a cada uno, mensualmente.

Una vez que tengamos claro cómo se gestionarán los gastos, tendremos que especificarlo de forma clara en esta cláusula del contrato, indicando quién se hará cargo de su pago y cuáles serán específicamente esos gastos. Los gastos de la comunidad de propietarios, Impuesto sobre Bienes Inmuebles (IBI) y recibo de recogida de basura normalmente van a cargo del propietario. Es conveniente también indicar en esta cláusula que los servicios individualizados como pueden ser telefonía e internet personal van a cargo del inquilino.

- **Reparaciones de mantenimiento y conservación**

En esta cláusula se han de diferenciar dos aspectos clave en los tipos de reparaciones de mantenimiento y conservación, así como qué parte se hará cargo de cada una de ellas:

I) Será responsable la parte arrendadora o propietario de la vivienda, de las reparaciones necesarias para conservar las habitaciones en condiciones de habitabilidad para servir al uso convenido en el contrato, salvo que el deterioro sea causado por la parte arrendataria. En ese caso, estas reparaciones deberán ser puestas en conocimiento de la parte arrendadora en el plazo más breve posible, debiéndose facilitar a dicha parte arrendadora la verificación directa del estado de la habitación, tanto personalmente o por técnicos que se designen para tal fin.

II) Serán responsabilidad del arrendatario las pequeñas reparaciones que sean producidas por el desgaste del uso cotidiano de la vivienda. Dado que nosotros como propietarios o parte arrendadora, ofrecemos la habitación en perfecto estado y ello es verificado por el inquilino o parte arrendataria a la firma del contrato de arrendamiento, estando conforme con ello, las pequeñas reparaciones de mantenimiento (electricidad, carpintería, electrodomésticos, etc.), serán a cuenta de los inquilinos.

Lógicamente, la parte arrendataria está obligada a usar la habitación y zonas comunes con total responsabilidad, destinando la habitación exclusivamente al uso pactado. No obstante, en la presente estipulación se pueden añadir también otros puntos como pueden ser la pérdida de llaves de la vivienda y habitación. En caso de que la parte arrendataria perdiera las llaves, ésta debe asumir todos los gastos que se le ocasionen a la propiedad por su reposición o cambio de cerraduras.

- **Obras y mejoras**

Una obra de mejora útil es aquella que nos permite obtener una mayor funcionalidad y comodidad en el inmueble o en la habitación objeto de alquiler. Las obras de mejora son diferentes a las realizadas para el mantenimiento y reparación mencionadas en la anterior estipulación. En términos de jurisprudencia, estas obras se definen como aquellas que suponen un resultado apreciable económica y estéticamente, como consecuencia de una inversión material o jurídica, aumentando de forma duradera el valor del bien inmueble.

Este tipo de obras y mejoras serán a cargo del arrendador o propietario y se ha de dejar constancia en la presente cláusula que, sin el consentimiento expreso y por escrito del propietario, en la habitación arrendada, así como en las zonas comunes, queda totalmente prohibido realizar obras o mejoras, ni siquiera pintura, quedando en cualquier caso en beneficio de la propiedad, sin que la parte arrendataria tenga nada que reclamar por el trabajo o importe de dicha obra o mejora.

- **Subarriendo o cesión total o parcial de la habitación**

Es importante tener en cuenta que si en el contrato de arrendamiento no se estipula la autorización de subarriendo de la habitación por parte del inquilino, se dará por supuesto que el inquilino sí que podrá subarrendar la habitación, pero siempre y cuando pida al propietario la autorización previa por escrito.

Por este motivo, para evitar cualquier tipo de problema, se ha de indicar expresamente la prohibición de subarrendar la habitación arrendada por el inquilino o cederse a terceros total o parcialmente. Por consiguiente, también debe quedar prohibido que el arrendatario pueda alojar en la habitación a otras personas, comúnmente llamadas moradores.

- **Resolución anticipada**

La resolución anticipada del contrato de arrendamiento, por parte del propietario o arrendador, normalmente se hace con el fin de desahuciar a un inquilino o propietario, lo cual se conoce comúnmente como desahucio. Este proceso legal tiene como objetivo privar al inquilino de la posesión del inmueble o habitación, por incumplir el contrato de alquiler.

El desahucio por impago de alquiler de la habitación es uno de los más habituales que se producen, pues la principal obligación del inquilino es el pago de la renta mensualmente. Si por cualquier motivo, el inquilino deja de pagarla, el arrendador podrá iniciar el proceso de desahucio para desalojar al inquilino.

Es importante dejar constancia en el contrato de arrendamiento, mediante esta cláusula, la forma y razones por las que el arrendador o propietario puede resolver el contrato de forma anticipada. Este hecho debe de ser un proceso automático en el que ambas partes estén de acuerdo a la hora de la firma del contrato, pudiendo hacerse siempre y cuando se produzca un incumplimiento de cualquiera de las obligaciones recogidas en el contrato, y en especial por las siguientes causas:

I) La falta de pago total o parcial de la renta, aunque tan solo sea de una mensualidad o parte de esta.

II) La falta de pago de los gastos de suministros.

III) La realización de daños causados en la habitación o zonas comunes, o bien de obras no consentidas en la habitación por el arrendador o propietario.

IV) La realización de obras en zonas comunes.

V) Cuando en la habitación tengan lugar actividades molestas, insalubres, nocivas, peligrosas o ilícitas.

VI) Cuando la habitación deje de estar destinada para el fin para el que se ha arrendado, esto es, destinada como vivienda temporal al arrendatario o inquilino.

Con tan solo una mensualidad impagada se puede interponer una demanda de desahucio. Ni siquiera es necesario esperar a que termine el mes, sino que desde que termina el periodo voluntario de pago, que suelen ser los 5 ó 7 primeros días de cada mes, ya se podría interponer la demanda. Por más alta o baja que sea la renta de la habitación, la demanda siempre se debería poner con abogado y procurador. Nuestro contrato estará sometido al Código Civil, por lo que serán sus normas las que amparen este proceso de desahuciar a un inquilino.

- **Notificaciones**

En cualquier relación contractual, especialmente en los contratos de alquiler de vivienda o habitación, las comunicaciones y notificaciones entre la parte arrendadora y arrendataria son muy importantes. Por lo tanto, deberán constar uno o más domicilios para las notificaciones. No solo un domicilio físico, sino también una dirección de correo electrónico y un número de teléfono móvil para poder comunicase ya sea por llamada o mediante *WhatsApp*. Hay que tener en cuenta que quien haya emitido la notificación, debe poder comprobar el momento del envío, cuál ha sido su contenido y si el destinatario, que en nuestro caso será el inquilino o arrendatario, la ha recibido.

La notificación debe enviarse siempre al domicilio físico o electrónico del inquilino, que conste en el contrato de arrendamiento. En caso de que no se produzca recepción por parte del inquilino, no será culpa del propietario, pues la notificación se considera válida y producirá sus efectos como si hubiese sido recibida.

Por lo tanto, en esta cláusula se debe dejar constancia de que a efectos de recibir cualquier notificación vinculada con los derechos y obligaciones reconocidos en el contrato de arrendamiento, se designa la dirección correspondiente tanto para la parte arrendadora como para la arrendataria, pudiendo indicarse que son las que hemos puesto al principio del contrato. Normalmente la dirección de la parte arrendadora será su domicilio habitual y para la parte arrendataria será la dirección de la habitación objeto del contrato de alquiler.

- **Cláusulas adicionales**

Con el objeto de garantizar el pago del alquiler mensual, son muchos los propietarios que solicitan a los inquilinos una garantía adicional a la fianza. Son cláusulas que se pueden añadir en el contrato de alquiler con el fin de evitar o facilitar la resolución de los problemas de impagos o desperfectos causados por los inquilinos y que puedan afectar de forma negativa a la propiedad.

La garantía adicional puede ser un depósito, como he comentado aparte de la fianza, siendo este de un importe de uno o dos meses de renta, dependiendo del acuerdo al que lleguen las partes arrendadora y arrendataria. Posteriormente, al finalizar el contrato, este depósito se devolverá al inquilino de forma íntegra.

Otra de las opciones más recurrentes es la de solicitar al inquilino de la habitación un aval bancario, especialmente si hablamos de estudiantes, quienes deberían siempre estar avalados, normalmente por algún miembro de su unidad familiar, como pueden ser sus padres. El inquilino será el que está obligado al pago y el avalista es quien tendrá que pagar en caso de que el inquilino incumpla con sus obligaciones de pago contractuales. El avalista siempre tendrá que ser una persona con la suficiente solvencia económica, pues de nada serviría que el avalista no tenga la suficiente capacidad de pago en caso de ser necesario. Por consiguiente, y como última cláusula del contrato de arrendamiento, se puede añadir a una persona como avalista solidario de la parte arrendataria, con el fin de garantizar el cumplimiento del contrato y de forma que pueda responder ante la parte arrendadora o propietaria sobre cualquier incumplimiento contractual.

9. FINANCIACIÓN. ASPECTOS A TENER EN CUENTA

En el sector inmobiliario, cualquier persona física o jurídica que pretenda realizar una inversión, ya sea la primera, o para continuar con su crecimiento económico, debe disponer de un capital inicial para realizar dicha inversión. Ahora bien, cuando este capital inicial no es suficiente, siempre se recurre a la financiación, esto es, pedir un préstamo a un banco, generalmente una hipoteca, para obtener el total del capital necesario y poder llevar a cabo la inversión.

Una hipoteca es un acuerdo financiero que permite a una persona adquirir una propiedad, mediante la obtención de un préstamo bancario, el cual se garantiza utilizando la misma propiedad para tal fin, por lo que en caso de incumplimiento en el pago del préstamo, el prestamista, es decir, el banco o entidad financiera, tiene el derecho de vender la propiedad para recuperar el dinero que ha prestado.

En otras palabras, el banco o entidad financiera nos presta el dinero para comprar la propiedad y se le tendrá que devolver en cuotas mensuales durante los años que dure el préstamo, por ejemplo en 25 años o la duración que hayamos pactado con el banco, dependiendo siempre de nuestra edad y de los años que tengamos la hipoteca. Lo recomendable es la mayor cantidad de años posible para que las cuotas sean bajas y podamos obtener el máximo *Cash Flow* o flujo libre con nuestra inversión, es decir, si obtenemos 1.000 € mensuales de ingresos por las 4 habitaciones alquiladas y tenemos una cuota hipotecaria pequeña, el *Cash Flow* será mayor y nos permitirá seguir ahorrando para una próxima inversión.

Las cuotas mensuales del préstamo están compuestas por una parte del capital del préstamo que nos han concedido y que se nos irá descontando de la deuda y la otra parte serán los intereses de dicho préstamo, que si son muy altos, pueden suponer una parte importante en la cuota hipotecaria, pues en muchas ocasiones, en la cuota de la hipoteca, la mayor parte se destina al pago de intereses, especialmente al principio del préstamo.

Actualmente podemos diferenciar entre 3 tipos de hipotecas, según su tipología de intereses:

Hipotecas a interés fijo

El tipo de interés y, por lo tanto, la cuota mensual permanecen fijos durante toda la vida del préstamo, por lo que nunca nos incrementará ni tampoco decrecerá el pago mensual, sin que tengamos ninguna preocupación por las subidas o bajadas de los tipos de interés. Presentan como inconveniente que en el momento de la contratación se suele establecer un tipo de interés superior que en las hipotecas a tipo de interés variable.

Hipotecas con interés variable

De forma anual o semestral se revisará el tipo de interés, el cual variará en función de la evolución del índice de referencia (normalmente el Euribor) y suele expresarse como la suma del índice y un porcentaje constante. Su ventaja es que en el momento de contratar la hipoteca, el tipo de interés suele quedar más bajo que en las hipotecas a tipo fijo, pero su desventaja es que se estará a merced de las subidas y bajadas de los tipos de interés durante los años que dure el préstamo, que irán variando la cuota mensual en cada revisión.

Hipotecas a tipo mixto

Como su propio nombre indica, este tipo de préstamo es una mezcla de los dos anteriores, es decir, hay un interés fijo durante un período inicial, por ejemplo 5 años, para luego pasar a ser un tipo variable. Por lo que tendrá las ventajas e inconvenientes de ambos tipos de hipoteca. Suele ser muy interesante en periodos de incertidumbre económica como la que estamos viviendo actualmente con la subida de la inflación y de los tipos de interés, pues si tenemos un periodo fijo durante los primeros años puede darnos una mayor tranquilidad de que la cuota se mantendrá estable. Después de ese periodo fijo, vendrá el periodo variable, pero para ese momento puede que ya haya pasado el periodo de inestabilidad económica y los tipos de interés vuelvan a bajar.

Es cierto que para muchas personas el hecho de pedir una hipoteca para comprar una propiedad supone un gran riesgo debido a la deuda que tendremos con el banco. Sin embargo, cualquier inversor con un cierto nivel de experiencia conoce que la mejor forma de realizar una inversión siempre es comprando con hipoteca, y que cuando mayor sea el porcentaje de financiación que nos preste el banco y más años tengamos para devolver la deuda, más rentabilidad se puede obtener por la inversión. Pongamos un ejemplo, si un inmueble cuesta 100.000 € y tenemos la posibilidad de obtener una hipoteca del 80 %, solo necesitaremos tener el 20 % restante que no nos presta el banco y lo que valgan los impuestos de la compra, que aproximadamente pueden ser de un 10 % del valor del inmueble, dependiendo de la comunidad autónoma o del país en el que nos encontremos. Entonces para comprar este inmueble de 100.000 € necesitaríamos tener unos 30.000 €, que se corresponderían con los 20.000 € del 20 % no financiado más los 10.000 € correspondientes 10 % en impuestos.

El porcentaje de financiación siempre puede ser mayor o menor, dependiendo de muchos factores. Actualmente los factores más importantes son, en primer lugar, el tipo de empleo o ingresos que tengamos y nuestro tipo de contrato, siendo el mejor, para los bancos, un contrato de trabajo indefinido. En este aspecto, también hay que destacar que las entidades financieras suelen ver la mayor ventaja en las personas que trabajan como funcionarios o cargos públicos. Debido a su alta estabilidad laboral, los bancos suelen concederles préstamos de mayor porcentaje de financiación, es decir, de hasta el 100 % del valor total del inmueble. Habitualmente y en la actualidad, los préstamos hipotecarios suelen ser del 80 % del valor del inmueble en caso de que sea la primera vivienda que se compre, y del 70 % para segunda vivienda o posteriores.

En segundo lugar, los ingresos mensuales, si son medianamente altos y combinados con un contrato de trabajo indefinido, el banco tendrá una muy buena garantía de que podremos hacer frente al pago de las mensualidades de la hipoteca.

Aunque no siempre es necesario tener un contrato de trabajo indefinido y unos ingresos altos para solicitar un préstamo hipotecario. En algunos casos y dependiendo de cada situación en particular, por ejemplo si existe algún aval, el banco también podrá conceder un préstamo sin mayores problemas. Especialmente si dicho préstamo no supera los 100.000 €, que suele ser el importe que muchos bancos o entidades financieras tienen como límite para considerar el tamaño del préstamo mayor o menor.

Por último, me gustaría destacar en este apartado la importancia de comparar diversos bancos o entidades financieras a la hora de solicitar una hipoteca. Cada uno de ellos ofrecerá condiciones diferentes en cuanto a tipos de interés, plazo de amortización de la hipoteca, condiciones o requisitos para solicitar el préstamo, entre otros. Por tanto, siempre se debe comparar y quedarnos con el que mejor condiciones ofrezca. Es importante también debido a que no todos los bancos estarán dispuestos a concedernos la hipoteca por no cumplir con las condiciones económicas y laborales que nos pidan, por lo que por nuestra protección, siempre tenemos que tener varias opciones abiertas mientras estamos pidiendo una hipoteca. Si finalmente, son varios los bancos que nos conceden la hipoteca, antes de la firma oficial podremos elegir el que más nos convenga por sus condiciones económicas y rechazar los que no estemos interesados.

Si no es la primera vez que compramos un inmueble y ya tenemos otra hipoteca, siempre será recomendable continuar con el mismo banco para el resto de préstamos que pidamos. El motivo es sencillo, es porque ya nos conocen, es decir, tienen todos nuestros datos si es que no hemos cambiado nada, por lo que la tramitación de un préstamo será mucho más sencilla que iniciar todo el proceso en un banco diferente. Además, si somos ya clientes y tenemos un historial con el banco, aparte de que nos conocerán mejor, tendremos una mayor credibilidad para ellos, especialmente si ya tenemos la experiencia de haber pagado algún préstamo, ya sea una hipoteca o un préstamo personal. Eso dará mucha credibilidad e iremos formando un historial crediticio con el banco. No obstante, siempre haremos bien en comparar y ver las condiciones en otras entidades también.

Por supuesto también hay que destacar el hecho de que todas las oficinas de una misma entidad financiera no son iguales. Puede haber mucha variación entre ellas, dependiendo de las necesidades de cada una y del agente financiero con el que hablemos. Por ejemplo, las oficinas pequeñas, como sucede en muchos pueblos, donde no hay tanto movimiento económico, así como en las oficinas de confianza de la mayoría de nuestros familiares o amigos, encontraremos que los agentes financieros pueden ser más propensos a ayudarnos a la hora de solicitar un préstamo, incluso ofrecer mejores condiciones económicas que en otras oficinas de la misma entidad.

10. CIRBE: CÓMO CONSEGUIR UNA HIPOTECA Y UN PRÉSTAMO PERSONAL DE FORMA SIMULTÁNEA

Cuando solicitamos un préstamo personal o una hipoteca, las entidades financieras intentan conseguir la mayor cantidad de información posible sobre nosotros para evaluar nuestro historial crediticio. Es en estos casos donde CIRBE tiene un papel fundamental. Sus iniciales hacen referencia a Central de Información de Riesgos del Banco de España.

CIRBE es un registro centralizado que incluye toda la información sobre el riesgo económico que asumen las distintas entidades financieras reguladas por el Banco de España. Su finalidad es brindar a dichas entidades toda la información actual sobre el estado financiero de una persona y de su capacidad de pago. En este registro se obtiene toda la información de los préstamos, créditos, avales y garantías que cada banco mantiene con sus clientes y que sean de un importe superior a 1.000 €. Es un registro público, pues cualquiera puede acceder de forma gratuita a la información registrada sobre sí mismo, pero no se puede obtener información sobre otras personas.

Cuando una persona solicita un préstamo personal o una hipoteca, la entidad financiera puede pedir información concreta para evaluar el riesgo que supone dicha operación antes de llevarla a cabo. Para el banco siempre será necesario conocer si la persona tiene préstamos con otras entidades.

Ahora bien, cuando compramos un inmueble y lo hacemos mediante financiación, es decir, con hipoteca, en la mayoría de los casos y como hemos comentado en el capítulo anterior, los bancos darán sólo el 70 % u 80 % del importe total del piso, por lo que como he comentado, tendremos que tener preparado como mínimo el 20 % del valor más aproximadamente otro 10 % para pagar todos los impuestos y gastos de la operación. Sin embargo, se darán muchos casos en los que necesitemos hacer reforma y no tengamos suficiente ahorro disponible como para afrontar todo el coste de la operación, es decir, compra del inmueble más reforma. Es aquí donde entran en juego los préstamos personales, aparte de la hipoteca, y en este punto juega un papel fundamental el tiempo en el que los préstamos tardan en aparecer registrados en CIRBE.

En primer lugar, cuando pedimos una hipoteca, lo cual es lo primero que se hace al iniciar la compra del inmueble, esta deuda no aparece de inmediato en CIRBE. El proceso de registro ocurre en los primeros 10 días del mes siguiente. Teniendo en cuenta que también se tardan varios en días en procesar toda la información, los bancos no tendrán acceso a tus datos hasta pasadas unas semanas.

Por ejemplo, si nos conceden una hipoteca de 80.000 € el 10 de mayo, la entidad financiera notificará a CIRBE sobre la adquisición de esta deuda entre el 1 y el 10 de junio, es decir, al mes siguiente. Sin embargo, el registro no se llevará a cabo hasta pasar otros 10 días, por lo que será efectivo entorno al 20 de junio, es decir, más de un mes después de habernos concedido el préstamo. Es en este periodo de tiempo en el que tenemos que movernos con rapidez si necesitamos adquirir también otro préstamo personal. Es decir, una vez que el banco nos ha concedido la hipoteca y antes de que aparezca reflejado en CIRBE, tenemos un periodo de aproximadamente un mes para solicitar también un préstamo personal, que por supuesto tendrá que ser con otra entidad diferente a la que nos ha concedido la hipoteca. Será mucho más fácil que nos concedan ese préstamo personal si nuestra deuda, al menos la que aparece en CIRBE, es la menor posible. De esta forma, tendremos una hipoteca concedida y un préstamo personal aparte para la posible reforma o gastos que conlleve la compra del inmueble. Esta es una de las formas que se suelen utilizar para conseguir mayor financiación, pues sea en el país o región que sea, siempre podemos movernos con rapidez y conseguir préstamos simultáneamente con distintas entidades financieras.

Comúnmente muchas personas solicitan dos hipotecas de forma simultánea para comprar dos inmuebles a la vez. Es una operación más arriesgada pero que también está basada en el periodo de tiempo en el que aún no aparecen los datos de la nueva deuda en CIRBE.

11. INFLACIÓN Y TIPOS DE INTERÉS

Para comprender todo el proceso de la inversión en un bien inmueble mediante financiación con una hipoteca, se hace de vital importancia conocer bien el funcionamiento de los tipos de interés, que pueden subir o bajar en función del estado de la economía en un país o conjunto de países como la Unión Europea.

En primer lugar, es fundamental conocer el concepto de inflación, que ha tomado especial relevancia en los últimos años debido a su reciente incremento después de la pandemia del coronavirus. El Banco de España, define la inflación como el crecimiento general del nivel de precios de consumo en una economía. Este incremento provoca que el dinero vaya perdiendo valor con el tiempo. Si los precios aumentan, el día de mañana podremos comprar menos productos que hoy con la misma cantidad de dinero. Por lo tanto, la inflación hace que perdamos poder adquisitivo con el tiempo.

Los países o regiones, a través de los Bancos Centrales, siendo los más importantes el Banco Central Europeo en la Unión Europea y la Reserva Federal en Estados Unidos, son los encargados de establecer una política monetaria adecuada que sea capaz de mantener la inflación en un buen nivel, es decir, en torno a un 2 %, lo que se considera una inflación controlada.

La herramienta más importante para controlar esta inflación y poder corregirla en los momentos en los que no esté en sus niveles óptimos, son los tipos de interés. Mediante la subida o la bajada de los tipos de interés se puede controlar la inflación y hacer que remita.

Cuando un país tiene una inflación alta, suele coincidir con periodos en los que los tipos de interés son bajos, por lo que la deuda emitida por los bancos en forma de préstamos, será mucho más barata para el inversor que tiene que devolverla, lo cual provoca que haya expansión económica e irremediablemente, que aumente la inflación con el tiempo.

Justo el efecto contrario ocurre en periodos en los que los tipos de interés son altos. En estos momentos el coste de la deuda es mucho mayor y las empresas e inversores ponen el freno a la hora de endeudarse. Es en estos periodos en los que se produce una contracción de la economía, es decir, un enfriamiento, lo cual hace que la inflación se contenga y baje con el tiempo, al menos mientras que los tipos de interés se mantengan altos.

Por tanto, los tipos de interés son la herramienta más potente que tienen los Bancos Centrales para manipular la inflación.

- Si la inflación está demasiado alta (> 2 %), se suben los tipos de interés para conseguir enfriar la economía y reducir la inflación.
- Si la inflación es baja (< 2 %), se bajan los tipos de interés para promover una mayor expansión y crecimiento de la economía.

Una vez explicado el concepto de inflación y de cómo los Bancos Centrales pueden hacer que la economía esté bajo control, hablaré un poco con más detalle de los tipos de interés y de cómo estos influyen dentro de los préstamos hipotecarios o personales a la hora de comprar un inmueble, pues nos será útil para saber cuánto nos va a costar devolver el préstamo.

Las entidades financieras tienen libertad para decidir sus tipos de interés, pero están obligadas a informar al banco central del país, de los tipos de interés que aplican en sus operaciones. El tipo de interés, expresado en porcentaje, se aplica siempre sobre el importe prestado, es decir, si un préstamo es de 60.000 € y lo tendremos que devolver con un interés del 2 %, dicho porcentaje será siempre referido a ese capital del préstamo que nos quede por devolver, que al principio será de 60.000 €, pero conforme se vaya devolviendo la deuda con el paso de los meses, ese 2 % de interés tendrá un menor valor en euros, porque el capital prestado irá disminuyendo a medida que vamos pagando las cuotas. Esta cuota mensual seguirá siendo la misma, pero cada mes que pase, dicha cuota estará compuesta de más capital que estamos devolviendo y de menos intereses.

En la siguiente tabla, podemos ver con más claridad el ejemplo mencionado, solo para el primer año de vida del préstamo hipotecario, se puede observar que aunque el interés se mantenga siempre en el 2%, representa un importe menor en la cuota mensual con el paso del tiempo, a medida que vamos devolviendo la deuda. El cuadro de amortización ha sido calculado para un periodo de 20 años.

Tabla 8. Cuadro de amortización durante el primer año.

Mes	Tipo de Interés	Cuota	Capital Amortizado	Intereses	Capital Pendiente
0	0,00%	0,00%	0,00 €	0,00%	60.000,00 €
1	2,00 %	303,53 €	203,53 €	100,00 €	59.796,47 €
2	2,00 %	303,53 €	203,87 €	99,66 €	59.592,60 €
3	2,00 %	303,53 €	204,21 €	99,32 €	59.388,39 €
4	2,00 %	303,53 €	204,55 €	98,98 €	59.183,84 €
5	2,00 %	303,53 €	204,89 €	98,64 €	58.978,95 €
6	2,00 %	303,53 €	205,23 €	98,30 €	58.773,72 €
7	2,00 %	303,53 €	205,57 €	97,96 €	58.568,15 €
8	2,00 %	303,53 €	205,92 €	97,61 €	58.362,23 €
9	2,00 %	303,53 €	206,26 €	97,27 €	58.155,97 €
10	2,00 %	303,53 €	206,60 €	96,93 €	57.949,37 €
11	2,00 %	303,53 €	206,95 €	96,58 €	57.742,42 €
12	2,00 %	303,53 €	207,29 €	96,24 €	57.535,13 €

En relación a los préstamos hipotecarios, como hemos visto en el apartado de financiación, es importante que haya quedado lo más claro posible que principalmente diferenciamos entre 2 tipos de interés: fijo y variable. Un tipo de interés fijo significa que durante toda la vida del préstamo se aplicará el mismo tipo de interés, sin que exista ninguna variación. Por otro lado, el tipo de interés variable significa que dicho interés cambiará a lo largo de la vida del préstamo y normalmente se expresa como la suma de un índice de referencia (Euribor) más un porcentaje o diferencial. Y como hemos visto también existen las hipotecas mixtas, compuestas por un tipo fijo durante un período inicial, y un tipo variable para el resto.

Cuando solicitamos un préstamo es importante también conocer los conceptos de TIN y TAE, que son dos indicadores clave referidos al tipo de interés y que nos ayudarán a comparar mejor entre préstamos. TIN es el Tipo de Interés Nominal del préstamo y es el interés que pagamos al banco por el dinero prestado. No obstante, dado que no tiene en cuenta los gastos asociados a la operación, tendremos que conocer la TAE, que significa Tasa Anual Equivalente, que sí que tiene en cuenta estos gastos. Por lo tanto, mediante la TAE, podremos comparar distintos préstamos del mercado teniendo en cuenta todos los gastos asociados, principalmente los referidos a comisiones bancarias y otros gastos derivados de la operación, lo que nos ayudará a tomar mejor la decisión de qué préstamo elegir.

12. FISCALIDAD EN EL ALQUILER POR HABITACIONES

El término fiscalidad engloba el conjunto de normas y reglamentaciones en vigor en materia fiscal, que se encuentran en la legislación aplicable de cada país. Dependiendo del país en el que residamos, tendremos que verificar siempre cuál es su legislación sobre bienes inmuebles, y de vivienda en particular. En el caso de España, como ocurre en otros países europeos, la tributación tiene un alto peso en nuestros ingresos, ya seamos una persona física o jurídica.

En primer lugar, es importante señalar que declarar el alquiler de una habitación con el fin de tributar para el Impuesto sobre la Renta de las Personas Físicas (IRPF), es obligatorio. Es de suma importancia incluir los ingresos obtenidos en la declaración de la renta, ya sea por alquilar una parte de un bien inmueble como ocurre con las habitaciones o por alquilarlo de forma íntegra. De no hacerlo, estaremos expuestos a diversos tipos de problemas y multas económicas, pues la Agencia Tributaria exige que se declare cualquier ingreso percibido por el alquiler de un inmueble, aunque se tratase solo de una habitación.

Los ingresos obtenidos por las habitaciones son considerados como rendimientos del capital inmobiliario y deben tributar según los tramos del IRPF. Se deben incluir dentro de la base imponible general de la declaración de la renta, donde también está nuestro salario o pensión. Los tramos establecen las diferentes escalas de tributación según el nivel de ingresos que se declaren, es decir, determinan cuánto debemos pagar a la Agencia Tributaria según nuestros ingresos. El tipo impositivo aumenta a medida que aumenta la base imponible.

Tabla 9. Porcentajes a pagar según los tramos del IRPF.

Tramos IRPF	Tipos a aplicar
Desde 0 € hasta 12.450 €	19 %
De 12.450 € a 20.200 €	24 %
De 20.200 € a 35.200 €	30 %
De 35.200 € a 60.000 €	37 %
De 60.000 € a 300.000 €	45 %
Más de 300.000 €	47 %

Reducción del 60 %

Una reducción tributaria se refiere a una reducción en la base imponible por una causa justificada que debe estar contemplada en la legislación vigente.

Según establece el artículo 23.2 de la Ley de IRPF, en el arrendamiento de inmuebles destinados a vivienda habitual, el rendimiento neto se reducirá en un 60 % siempre que se trate de rendimientos netos positivos y de que el contribuyente haya declarado dichos rendimientos. Es decir, se pagarían solo los impuestos correspondientes al 40 % de los beneficios. No obstante, en relación con los arrendamientos por temporada como ocurre en el caso de los alquileres por habitaciones, al menos en la mayoría de los casos, no es aplicable esta reducción por el motivo de ser un alquiler temporal y no de vivienda habitual.

Sin embargo, también existe la posibilidad de hacer contratos de habitaciones como vivienda habitual, es en estos casos cuando sí sería de aplicación la reducción del 60 %. Aunque todo dependerá de cómo la Agencia Tributaria interprete cada caso en concreto. Pues suele suceder que aunque en el contrato de arrendamiento figure que la habitación es vivienda habitual, si los inquilinos rotan cada ciertos meses, la Agencia Tributaria lo interpretará como un alquiler por temporada y no será de aplicación la reducción del 60 %. Actualmente es un tema que genera una gran cantidad de dudas y que puede ser interpretado de diversas formas. Por lo que siempre será una excelente idea asesorarse con un profesional en materia fiscal y ver qué opción será la más conveniente en nuestro caso.

12.1. Gastos deducibles

Son varias las deducciones que se pueden aplicar cuando realizamos el alquiler por habitaciones. A continuación vamos a hablar un poco de todas ellas. Son gastos que podemos deducir y que en su conjunto representan una parte importante que restaremos al beneficio obtenido, por lo que no tendremos que tributar por ellos.

En el anteriormente citado artículo 23 de la Ley de IRPF, se recogen los gastos que se pueden deducir, que básicamente corresponden a los gastos necesarios para obtener el rendimiento o beneficio de la inversión que hemos realizado, los cuales se detallan a continuación:

Intereses de la hipoteca

En caso de que el inmueble haya sido financiado con un préstamo hipotecario, hemos de tener en cuenta que solo son deducibles los gastos asociados a los intereses que pagamos por dicho préstamo, pero no es deducible el capital principal. Sí son deducibles también en este punto otros gastos como los asociados a las comisiones por amortizaciones anticipadas de la hipoteca.

Gastos de servicios y suministros del inmueble

Se podrán desgravar sólo en caso de que los suministros vayan a cargo del propietario y no de los inquilinos. Tienen que pasar a nuestra cuenta bancaria para demostrarse que no se le cobran al inquilino. Estos gastos principalmente son los referidos a las facturas de electricidad, gas, agua e internet.

Gastos de conservación y reparación

Hemos de incluir estos gastos con mucha cautela, debido a que la Agencia Tributaria los puede interpretar de forma errónea. No se considera reparación si hemos destinado una cantidad de dinero a la mejora o ampliación del inmueble. Solo se podrán deducir los gastos asociados a pintura, reparaciones de las instalaciones de electricidad y fontanería, etc. También se podrá deducir el capital destinado a la amortización de los bienes muebles, por ejemplo el utilizado para mobiliario o electrodomésticos.

Gastos de comunidad

Estos gastos son totalmente deducibles en la declaración de la renta, tanto los provenientes de la cuota mensual de comunidad como los que procedan de alguna derrama o cuota extra. Por supuesto siempre y cuando estos gastos sean pagados por el propietario, ya que no serán deducibles si es el inquilino quien los paga.

Seguro de hogar y tasas estatales

Otro de los gastos fiscalmente deducibles es el seguro multirriesgo del hogar, que normalmente se paga de forma anual. En cuanto a las tasas estatales son las referidas al Impuesto sobre Bienes Inmuebles (IBI) o tasa de recogida de basuras. La Agencia Tributaria los denomina tributos, recargos y tasas de la casa alquilada.

Como podemos observar, son muchos los gastos que podemos desgravar. Cuantos más gastos se puedan añadir, menos impuestos se pagarán, pues a efectos fiscales la ganancia será más limitada. Solo se tributa por lo que la Agencia Tributaria considera como rendimiento neto, esto es ingresos menos gastos, y no por el total de ingresos obtenidos por alquilar el inmueble.

13. MANTENIMIENTO Y GESTIÓN DEL INMUEBLE

Normalmente se dice que el alquiler de un inmueble es un ingreso pasivo, es decir, que una vez que está alquilado no tendremos que hacer mucho esfuerzo para mantenerlo y obtener rentabilidad. No obstante, esto no es así en el caso del alquiler por habitaciones, al menos al principio. Gestionar un piso alquilado por habitaciones requiere de un trabajo mayor, especialmente porque habrá más rotación de inquilinos y se necesita dedicar más tiempo para enseñar la habitación, realizar limpiezas cuando sale un inquilino, buscar y seleccionar a los nuevos inquilinos, solucionar los posibles problemas de convivencia, entre otras cosas. En definitiva, podemos considerarlo como un negocio, que requerirá de un mayor conocimiento del sector y de un mayor esfuerzo.

En los capítulos iniciales hablamos de cómo encontrar una vivienda y buscar inquilinos. Ahora bien, una vez que todo esté en funcionamiento, es decir, que ya tengamos las habitaciones arrendadas y los inquilinos pagando el alquiler, tendremos que seguir con la gestión del inmueble. Principalmente nos referimos a los siguientes puntos:

Relación con los inquilinos

Como propietarios del inmueble y arrendadores tenemos que intentar llevarnos bien con los inquilinos, para que paguen su renta mensual y estén cómodos en la habitación, lo cual hará que se queden más tiempo y haya menos rotación. No tenemos que hacernos sus amigos, pero hay que ser educados e intentar ayudarles si hay algún problema. Lo recomendable es que les demos orientación sobre cómo pueden ellos mismos solucionar sus problemas en relación con el inmueble y la convivencia con el resto de inquilinos, ya que de lo contrario es posible que nos llamen para cualquier cosa, y eso puede causar un mayor desgaste al propietario. Por lo tanto, hay que ayudarles, pero siempre manteniendo la distancia adecuada.

Gestión de facturas de suministros.

En caso de no incluir los gastos en el precio del alquiler mensual, se deberá calcular de forma periódica la parte de las facturas que corresponde a cada inquilino, así como asegurarnos de que se vayan realizando los pagos. Estos gastos son los referidos a electricidad, agua y gas en caso de haberlo. En este punto hemos de tener en cuenta que pueden existir ciertas discrepancias entre los inquilinos porque habrá algunos que sean más despistados y que dejen las luces encendidas o, en definitiva, que consuman más electricidad que otros, lo cual es algo muy habitual. Debemos llevarlo con mucho sentido común y explicarles que deben ser razonables con los consumos. También podemos llevar a cabo algunos trucos como pueden ser colocar una luz con sensor de movimiento en la entrada o pasillo común, para que se encienda y se apague de forma automática, bombillas de bajo consumo, etc.

Búsqueda de nuevos inquilinos

Esto será estructuralmente lo más importante que debemos gestionar. Nuestro objetivo será que la habitación esté alquilada el mayor tiempo posible para obtener la mayor rentabilidad. Por lo que debemos prepararla desde el primer momento en que el inquilino la deja y comenzar a enseñarla para que no esté parada ni un solo día.

Verificar y realizar un mantenimiento del inmueble

Son muchos los factores a tener en cuenta en una vivienda, ya que tenemos electrodomésticos, muebles e instalaciones que pueden dar algún problema. Por lo tanto, debemos estar pendientes de que todo funcione. Si algo va mal, hay que intentar solucionarlo en el menor tiempo posible y en caso de ser necesario enviar a un profesional para que pueda darle solución de una forma eficaz y económica. No obstante, para ahorrar costes de mantenimiento lo mejor es que seamos nosotros mismos los que sepamos verificar las cosas adecuadamente. Aunque igualmente, para ciertas tareas será necesario llamar a un profesional, pero siempre tenemos que tener conocimiento de lo que se está haciendo y verificar también que el profesional lo ha solucionado de forma correcta, pues como en cualquier negocio, es el propietario quien mejor tiene que conocer todos los detalles.

NOTAS